自閉症スペクトラム児の教育と支援

EDUCATION and SUPPORT for Children with ASD

樋口一宗・丹野哲也
【監修】

全国特別支援学校
知的障害教育校長会
【編】

東洋館出版社

◆ まえがき ◆

　全国特別支援学校知的障害教育校長会では，平成15年に『自閉症児の教育と支援』を出版した。当時諸外国では自閉症に対して独自の教育を実施していく傾向にあり，日本においても自閉症教育の在り方を見直す時期を迎えていた。その後，平成15年には文部科学省から「今後の特別支援教育の在り方について（最終報告）」が示され，「国立特別支援教育総合研究所，大学等関係機関との連携の下で，我が国の自閉症の児童生徒への教育的対応についての研究や研修に積極的に貢献していくことが必要である」との提言がなされた。

　前回の出版では，医療，福祉，労働，研究，相談，療育，メディア等の各機関や保護者の協力を得て，自閉症を取り巻く様々な観点から問題を整理させていただいた。その後，10年を経る中で，文部科学省において「発達障害」という用語が使われるようになり，LD・ADHD・高機能自閉症等と表現していた頃よりも一般社会に認知されるようになったことや，通常学校での発達障害児への支援のニーズが高まっていることも事実である。

　今回，文部科学省特別支援教育調査官の丹野哲也先生，樋口一宗先生（現在は兵庫教育大学大学院）の協力を得て，改訂版として『自閉症スペクトラム児の教育と支援』を出版することになった（本書の書名の変更については，「本書について」をご参照いただきたい）。前回同様，教育，医療，労働，福祉等の関係者の協力を得るとともに，全国の特別支援学校，特別支援学級，通級指導教室の先生方の努力で貴重な実践を盛り込むことができた。各学校での今後の実践に生かしていただければありがたい。また，今回新たにコラムの欄を設けて，自閉症スペクトラム児への支援について様々な分野の取組も加えさせてもらった。

　日本はこれから，インクルーシブ教育システムの構築を目指し，共生社会の実現に向けて様々な場で取組を進める必要がある。自閉症スペクトラム児が一般社会の中で共生していくための参考になれば幸いである。

　最後に，本書の出版に当たって企画の段階からご協力いただいた宇都宮大学

の梅永雄二先生はじめ執筆いただいた多くの皆様に心より感謝申し上げる次第である。

平成26年9月

全国特別支援学校知的障害教育校長会会長　　明官　茂

◆ 目　次 ◆

まえがき……………………………………………………………… i
本書について………………………………………………………… viii

Chapter I
特別支援教育における教育と支援

1 ◆ 自閉症とは ……………………………………………………… 002
2 ◆ 特別支援教育における自閉症の位置付け …………………… 003
3 ◆ 自閉症のある児童生徒等への支援 …………………………… 010
4 ◆ 自閉症のある児童生徒等への生徒指導 ……………………… 012
5 ◆ 今後の展望及び課題 …………………………………………… 014

Chapter II
教育課程と指導計画

1 ◆ 教育課程 ………………………………………………………… 018
2 ◆ 指導計画 ………………………………………………………… 028

Chapter III
自閉症スペクトラム児への指導の基本

1 ◆ 近年の動向 ……………………………………………………… 034
2 ◆ 自閉症スペクトラムの特性・治療 …………………………… 037
3 ◆ 診断基準 ………………………………………………………… 041
4 ◆ 教育・支援の基本的な考え方 ………………………………… 048
5 ◆ 激しい行動障害のある児童生徒（強度行動障害）の教育・支援 … 055

Chapter IV
早期からの教育的支援

1 ◆ 幼児期段階の特性 ……………………………………………… 064
2 ◆ アセスメント …………………………………………………… 066
3 ◆ 指導計画 ………………………………………………………… 069
4 ◆ 指導の実際 ……………………………………………………… 071

Chapter V
小学生段階の指導の実際

1 ◆ 小学生段階の特性 ……………………………………………… 080
2 ◆ アセスメント …………………………………………………… 082
3 ◆ 指導計画 ………………………………………………………… 084
4 ◆ 指導内容,指導方法 …………………………………………… 086
5 ◆ 授業での工夫 …………………………………………………… 090
　　特別支援学校「思いを表出し,伝わる喜びによる心理的安定」　090
　　特別支援学校「セルフマネージメント能力を高める」　092
　　特別支援学校「文字の勉強をしよう」　094
　　特別支援学校「金銭の理解」　096
　　特別支援学校「いっしょにおどろう　うたおう　ならそう」　098
　　特別支援学校「紙版画をつくろう（節分の「鬼」の顔）」　100
　　特別支援学校「ミニミニ運動会をしよう」　102
　　特別支援学校「お掃除は僕におまかせ！」　104
　　特別支援学校「なかにわであそぼう」　106
　　特別支援学校「お店屋さんをしよう」　108
　　特別支援学校「ゆらゆらハウスに行こう」　110
　　特別支援学級「おにぎりを作ろう」　112
　　特別支援学級「ぼく・わたし　だいすき,ともだち　だいすき」　114

通級指導教室「適切な自己理解のために「こんなときどうする？」」
　　　　　　　　　　　　　　　　　　　　　　　　　　　　　116

　　　通級指導教室「相手の考えを読もう」　118

Chapter VI
中学生段階の指導の実際

　1 ◆ 中学生段階の特性 ……………………………………………… 122
　2 ◆ アセスメント …………………………………………………… 124
　3 ◆ 指導計画 ………………………………………………………… 126
　4 ◆ 指導内容，指導方法 …………………………………………… 128
　5 ◆ 授業での工夫 …………………………………………………… 132
　　　特別支援学校「情緒の安定を図り，集団への参加を目指す」　132
　　　特別支援学校「時刻を守って生活する」　134
　　　特別支援学校「劇の役柄を通した言葉のやりとりを学ぶ」　136
　　　特別支援学校「お金の種類と使い方を知ろう」　138
　　　特別支援学校「ボレロのリズムを味わおう」　140
　　　特別支援学校「卒業式に向けて，コラージュ壁面を作ろう」　142
　　　特別支援学校「ランニング指導」　144
　　　特別支援学校「先の見通しをもち，安心感をもって安定して活動で
　　　　　　　　　きる基礎を育てる」　146
　　　特別支援学校「ゲームをしよう」　148
　　　特別支援学校「電車のマナーを学習しよう」　150
　　　特別支援学校「文化祭に向けて製品を作ろう」　152
　　　特別支援学級「Ｇタイム，電卓・ビーズ，無言清掃」　154
　　　特別支援学級「トランジスタラジオの製作（木製キャビネット作り）」
　　　　　　　　　　　　　　　　　　　　　　　　　　　　　156
　　　通級指導教室「言葉で感情や行動をコントロールする」　158
　　　通級指導教室「心理的安定を図り，生活上の困難を改善・克服する」
　　　　　　　　　　　　　　　　　　　　　　　　　　　　　160

Chapter VII
高校生段階の指導の実際

1 ◆ 高校生段階の特性 ……………………………………………… 164
2 ◆ アセスメント ……………………………………………………… 166
3 ◆ 指導計画 …………………………………………………………… 168
4 ◆ 指導内容，指導方法 …………………………………………… 170
5 ◆ 授業での工夫 …………………………………………………… 174
　　特別支援学校「自分の思い出を書く（自分のよさを見つける）」　174
　　特別支援学校「布製品を作って，販売しよう」　176
　　特別支援学校「やりたいことにトライやる」　178
　　特別支援学校「みんなで泊まろう，出掛けよう」　180
　　特別支援学校「インターンシップ」　182
　　高等特別支援学校「働くために」　184
　　高等特別支援学校「地域生活に必要な「あいさつ・時間を守る・環境
　　　　　　　　　　整備」について考えよう」　186
　　高等学校「保健相談部の設置」　188
　　高等学校「学び直しのベーシック」　190
　　高等学校「私立高等学校の置かれている現状」　192

Chapter VIII
卒業後の支援

1 ◆ 職場への支援 …………………………………………………… 196
2 ◆ 生活への支援 …………………………………………………… 200
3 ◆ 余暇活動への支援 ……………………………………………… 202
4 ◆ 家族支援 …………………………………………………………… 204
5 ◆ 移行支援 …………………………………………………………… 206
6 ◆ 職業訓練 …………………………………………………………… 208
7 ◆ 定着支援 …………………………………………………………… 210

─────────── Column ───────────

インクルーシブ教育システム ………………………………………… 016
自閉症に関連のある法律及び制度 ……………………………… 027
世界自閉症啓発デー ………………………………………………… 032
海外の動向 …………………………………………………………… 036
コンサルテーションのアドバイス ………………………………… 047
AAC（補助・代替コミュニケーション）………………………… 054
ソーシャルスキル …………………………………………………… 062
セルフマネージメントスキル ……………………………………… 068
震災等への対応 ……………………………………………………… 078
ICT の活用 …………………………………………………………… 120
就労拡大の試み ……………………………………………………… 162
大学での支援の取組 ………………………………………………… 194

■本書について

1 本書の書名は『自閉症スペクトラム児の教育と支援』としてあります。
　本書の前身にあたる『自閉症児の教育と支援』(2003年)出版から10年以上が経過しました。
　この間,「自閉症」の名称については,2013年5月に米国精神医学会「精神疾患の分類と統計の手引き(Diagnostic and Statistical Manual of Mental Disorders 5th ed., 以下「DSM-5」)」(2013年5月発行)が改訂されました。それに伴い日本精神神経学会・精神科病名検討連絡会により,「DSM-5病名・用語翻訳ガイドライン(初版)」(『精神神経学雑誌』第116巻第6号,2014年)により訳語が公表されました。それによれば,「Autism Spectrum Disorder　自閉スペクトラム症／自閉症スペクトラム障害」となっています。
　また,国際的な精神疾患の分類と診断基準に関しては,世界保健機構(WHO)における国際疾病分類(International Statistical Classification of Diseases and Related Health Problems,以下「ICD」)における「精神及び行動の障害」があります。厚生労働省の疾病統計は,ICD-10(2003年)に準拠した「疾病,傷害及び死因の統計分類」が統計調査に使用されるほか,医学的分類として医療機関における診療録の管理等に活用されています。さらに,文部科学省では,厚生労働省と連携し,「発達障害」の示す障害の範囲を,発達障害者支援法による定義としています。同法では,発達障害を「自閉症,アスペルガー症候群その他の広汎性発達障害,学習障害,注意欠陥多動性障害その他これに類する脳機能の障害であってその症状が通常低年齢において発現するものとして政令で定めるもの」としています。
　これら現行の法令上の定義を踏まえながら,DSM-5に示された「スペクトラム」の概念がより広く理解されていくことが,自閉症のある子供たちの多様な教育的ニーズや支援を適切に把握していくことにもつながり,子供たちのより豊かな教育の充実に資することの必要性から本書のタイトルとしています。
　なお,各論や事例についての「自閉症」に係る表記については,統一することなく執筆者が使用している表記に基づき,掲載しています。

2 事例及び児童生徒の実態につきましては,人権上の配慮の面から修正等を行い掲載してあります。実践事例は,指導のねらいとその成果がわかるような内容について,全国各地,各学校の先生方に執筆への御協力をいただきました。

3 週時程表等における授業の各教科等については,学校で通称されている名称を生かすようにしました。

Chapter I

特別支援教育における教育と支援

1 自閉症とは

　「自閉症」という名称が今後も日本語として生き残っていくのか，それとも別の名称に変わるのか，本稿を執筆している時点ではまだ明確になっていない。DSM-5 を日本語訳する段階で専門家たちの意見がまとまっていないようだ。いっそのこと，「自ら閉じ籠る」というイメージのある自閉という言葉自体を変えてしまうことも視野に入れて検討すべきではないかと思う。

　いずれにしても，数年間のサイクルで診断名や診断基準が見直されるということは，この障害のとらえ方がまだ定まっていないことを示しており，その対応法も変化する可能性が高いことを意味している。それだけに，この障害の教育に携わる者たちは，これまでの経過をよく理解した上で，最新の情報をキャッチしつつ，よりよい教育の方向を慎重に判断していかなければならない。そうでなければ，せっかくの新しい知見が生かされないばかりか，現場が混乱する恐れがある。そうなると一番の被害をこうむるのは自閉症またはそれに類する障害のある子供たちであることを心に刻んでおきたい。

〈樋口　一宗〉

② 特別支援教育における自閉症の位置付け

1 ◆ 特別支援教育以前
〔1〕特殊学級（情緒障害）における対応

　我が国における自閉症教育のスタートとして，明確に記録が残っているのは昭和44年に東京都内の小学校に設置された「情緒障害特殊学級」である（全国情緒障害教育研究会編『学校における自閉児指導』日本文化科学社, 1994年）。

　情緒障害特殊学級が設置されたのは，当時，自閉症の存在が注目を浴びるようになり，その対応が喫緊の課題として求められていたからだという（文部科学省初等中等教育局特別支援教育課「就学指導資料」平成14年6月）。

　昭和53年8月12日，特殊教育に関する研究調査会の「軽度心身障害児に対する学校教育の在り方（報告）」において，「自閉，登校拒否，習癖の異常などのため社会的適応性の乏しい者，いわゆる情緒障害者については，必要に応じて情緒障害者のための特殊学級（以下「情緒障害特殊学級」という。）を設けて教育するか又は通常の学級において，留意して指導すること」と提言されている。なお，これら情緒障害者については，「通常の学級における学習活動が著しく困難な者から，通常の学級における学習活動にさしたる困難はなく学級担任の教員が留意して指導すれば通常の学級で学習が可能な者まで」その実態は様々であると述べられている。

　情緒障害という用語が初めて使われたのは，昭和36年に国が情緒障害児短期治療施設を設置するようになったときで，本来は「人間関係のあつれきや他の心理的葛藤に起因する心理的な要因による情緒障害」を指していた（「就学指導資料」）。

　平成14年の「就学指導資料」によれば，情緒障害とは下記を指す。

　　一　自閉症又はそれに類するもので，他人との意思疎通及び対人関係の形成が困難である程度のもの
　　二　主として心理的な要因による選択制かん黙等がある者で，社会生活への適応が困難である程度のもの

　二には，不登校，多動，常同行動などが含まれる。

文部科学省では，情緒障害を，その要因が心理的なものだけに限定せず，生活上の心理・情緒面の困難として幅広くとらえていることがわかる。

〔2〕知的障害等を重複する場合の対応

自閉症のある児童生徒の多くが知的障害を重複する。そのため，知的障害の特殊学級しか設置されていない学校においては，知的障害の面に注目して知的障害の特殊学級に入級したり，言語コミュニケーションの遅れに注目して言語障害特殊学級に入級したりする場合もあった。

〔3〕通級による指導における対応

通級による指導は，制度としては平成5年度から開始されたが，それ以前からも，ほとんどの授業を通常の学級で受け，一部，特別の指導を受けるという形態は，言語障害の特殊学級などで行われていた（文部科学省編著「通級による指導の手引　解説とQ&A　改訂第2版」平成24年3月）。

通級による指導の制度が始まったときも，自閉症については，情緒障害に含まれるという位置付けであった。

〔4〕自閉症教育をめぐるその他の状況

平成14年2月に実施された「通常の学級に在籍する特別な教育的支援を必要とする児童生徒に関する全国実態調査」によれば，知的発達に遅れはないものの学習面や行動面で著しい困難を示すと担任教師が回答した児童生徒の割合は，小中学校全体では6.3%であった。そのうち，「対人関係やこだわり等」の問題を著しく示していたのは0.8%で，今まで想定されていた以上に特別の支援を必要とする児童生徒が在籍していることが明らかになった。この頃から，知的障害を伴わない自閉症の存在について，広く知られるようになった。

平成15年3月28日，特別支援教育の在り方に関する調査研究協力者会議による「今後の特別支援教育の在り方について（最終報告）」では，国立久里浜養護学校（当時）について「今後は，国立特殊教育総合研究所，大学等関係機関との連携協力の下で，自閉症の児童生徒の教育研究の場として，又は，指導や研修の実践の場として機能することにより，我が国の自閉症の児童生徒への教育的対応についての研究や研修に積極的に貢献していくことが必要である」と提言された。平成16年4月に，国立大学法人筑波大学附属久里浜養護学校として，自閉症の教育研究に特化した養護学校として再出発している。

平成17年4月1日に施行された「発達障害者支援法」は，発達障害を早期に発見し，発達支援を行うことに関する国及び地方公共団体の責務を明らかにするとともに，学校教育における発達障害者への支援，発達障害者の就労の支援，発達障害者支援センターの指定等について定めることにより，発達障害者の自立及び社会参加に資するようその生活全般にわたる支援を図り，もってその福祉の増進に寄与することを目的としている。この法律においては，発達障害を「自閉症，アスペルガー症候群その他の広汎性発達障害，学習障害，注意欠陥多動性障害その他これに類する脳機能の障害であってその症状が通常低年齢において発現するものとして政令で定めるものをいう」と定義している。同法の成立によって，発達障害についての理解が広がり，また様々な支援が実施されるようになってきている。

2 ◆ 特別支援教育制度以後
〔1〕通級による指導と特別支援学級における位置付けの変化

　特別支援教育制度が始まった平成19年度に先立って，平成18年度から，LD及びADHDが通級による指導の対象として新たに加えられた。同時に，従来は情緒障害の中に含まれていた自閉症を独立させることとなった。その理由を，平成18年3月31日付17文科初第1177号初等中等教育局長通知において「近年，これらの障害の原因及び指導法が異なることが明らかになってきたこと」としている。

　平成19年度には，平成21年2月3日付20文科初第1167号初等中等教育局長通知により，自閉症等を対象とする特別支援学級について，それまでの「情緒障害特別支援学級」等の名称から，在籍者数などの実態を踏まえ，「自閉症・情緒障害特別支援学級」という名称に変更されることになった。

　これにより，行政上は，通級による指導を受ける場合は「自閉症者」，特別支援学級に在籍する場合は「自閉症・情緒障害者」という奇妙な名称が割り当てられることになった。この名称についても，今後は検討の必要があるだろう。

　平成19年度以降の特別支援学級及び通級による指導を受けている児童生徒数は増加し続けており，中でも自閉症など発達障害のある児童生徒が急増している。

〔2〕特別支援学校における対応

　学校教育法施行令 22 条の 3 には，特別支援学校が対象とする障害種とその程度が示されているが，その中に自閉症は含まれていない。したがって，特別支援学校で支援を受けることができるのは，22 条の 3 に該当する知的障害などの障害を重複する自閉症のある児童生徒等である。

　課題となっているのは，高等部に入学を希望する知的障害のない，あるいは軽度の知的障害のある自閉症のある生徒への対応である。本来は，高等学校が適切な就学先であると考えられるが，高等学校に進学した場合，支援が受けられない，就労支援が特別支援学校に比較して不十分といった理由で，特別支援学校を希望する生徒が後を絶たない。高等学校における支援の充実と，特別の支援を実施できるような体制づくりを進めることが急務である。また，非常に社会適応が困難な自閉症の場合には，特別支援学校において支援が受けられるような例外的な対応についても，さらなる検討をしていくことが求められている。

〔3〕通常の学級における対応

　小学校学習指導要領の解説（総則編）には「特別支援学級や通級による指導を受ける障害のある児童とともに，通常の学級にも LD，ADHD，自閉症などの障害のある児童が在籍していることがあり，これらの児童については，障害の状態等に即した適切な指導を行わなければならない」と示されている。他の学校種についても同様である。

　平成 24 年に実施された「通常の学級に在籍する発達障害の可能性のある特別な教育的支援を必要とする児童生徒に関する調査」（文部科学省）によれば，知的発達に遅れはないものの学習面または行動面で著しい困難を示すとされた児童生徒の割合は，全体で 6.5% であった。そのうち，
・学習面で著しい困難を示すものは 4.5%
・行動面で著しい困難を示すものは 3.6%
・学習面と行動面ともに著しい困難を示すものは 1.6%
であった。

　行動面で著しい困難を示すもののうち，
・「不注意」または「多動性－衝動性」の問題を著しく示すものは 3.1%

質問項目に対して担任教員が回答した内容から，知的発達に遅れはないものの学習面，各行動面で著しい困難を示すとされた児童生徒の学校種，学年別集計

	学習面又は行動面で著しい困難を示す	学習面で著しい困難を示す	「不注意」または「多動性－衝動性」の問題を著しく示す	「対人関係やこだわり等」の問題を著しく示す
小学校	7.7	5.7	3.5	1.3
第1学年	9.8	7.3	4.5	1.5
第2学年	8.2	6.3	3.8	1.5
第3学年	7.5	5.5	3.3	1.0
第4学年	7.8	5.8	3.5	1.2
第5学年	6.7	4.9	3.1	1.1
第6学年	6.3	4.4	2.7	1.3
中学校	4.0	2.0	2.5	0.9
第1学年	4.8	2.7	2.9	0.8
第2学年	4.1	1.9	2.7	1.0
第3学年	3.2	1.4	1.8	0.9

単位：％

※「通常の学級に在籍する発達障害の可能性のある特別な教育的支援を必要とする児童生徒に関する調査結果について」平成24年12月5日，文部科学省初等中等教育局特別支援教育課，より作成

・「対人関係やこだわり等」の問題を著しく示すものは1.1％

であった。

　学校別，学年別のデータも公表されており，「対人関係やこだわり等」の問題を著しく示すものは，他の困難に比較して学年による変動が少なかった。

3 ● 発達障害に含まれる障害としての自閉症

　文部科学省において発達障害という用語が使われるようになったのは意外と新しく，平成19年のことである。文部科学省のHPには，発達障害という用語の使い方を示している（文部科学省初等中等教育局特別支援教育課「『発達障害』の用語の使用について」平成19年3月）

　　http://www.mext.go.jp/a_menu/shotou/tokubetu/main/002.htm）。

それまでの「LD・ADHD・高機能自閉症等」という用語から，発達障害という用語を使用するに至った理由として，国民のわかりやすさや，他省庁との連携のしやすさ等を挙げている。そして，その使用について，

・文部科学省特別支援教育課では，原則として「発達障害」と表記する。その用語の示す障害の範囲は，発達障害者支援法の定義による。
・「発達障害」の範囲は，以前から「LD，ADHD，高機能自閉症等」と表現していた障害の範囲と比較すると，自閉症全般を含むなどより広いものとなるが，高機能以外の自閉症者については，以前から，また今後とも特別支援教育の対象であることに変化はない。
・「軽度発達障害」の表記は，その意味する範囲が必ずしも明確ではないこと等の理由から，同課においては原則として使用しない。
・学術的な発達障害と行政政策上の発達障害とは一致しない。また，正確さが求められる場合に，必要に応じて障害種を列記することなどを妨げるものではない。

としている。これを契機として，厚生労働省等との用語の整合性が図られ，発達障害についての国民の知名度が向上することとなった。

一方，発達障害という名称の知名度が上がったことによる弊害も明らかになってきた。それは，同じ発達障害という用語を使っていても，使用者によって想定している障害種がまったく異なっている場合があるということである。使用者が日常的にかかわっている障害種にかかわらず，発達障害という名称を使うため，何を指しているのか，すれ違うということがあちこちで生じているのである。

特に就学先や教育的対応について検討する場合など，まずは障害種を明確にしていく必要がある。また，文部科学省が基本的には発達障害という名称を使うようになったと言っても，教育的対応について定めた学校教育法等では，発達障害という名称は使われていないことにも留意すべきである。

4 ◆ インクルーシブ教育システム構築に向けて

平成26年には，国連の「障害者の権利に関する条約」を我が国が批准し，インクルーシブ教育システム構築に向けた動きはさらに活発になる。特に合理的配慮と基礎的環境整備の提供については，新たな概念として教育現場におけ

る取組が急がれるものである。

　平成 28 年 4 月 1 日には「障害を理由とする差別の解消の推進に関する法律（障害者差別解消法）」が施行される。この法律では，合理的配慮の不提供の禁止を，国や地方公共団体に対して法的義務として位置付けるものである。

　合理的配慮の不提供の禁止というのは，非常にわかりにくい表現であるが，障害者基本法の第 4 条に，障害を理由とした差別の禁止が規定されており，その第 2 項に，社会的障壁の除去を怠ることによる権利侵害の防止として次のように定められている。

　「社会的障壁の除去は，それを必要としている障害者が現に存し，かつ，その実施に伴う負担が過重でないときは，それを怠ることによって前項の規定に違反することとならないよう，その実施について必要かつ合理的な配慮がされなければならない」

　教育現場においては，障害のある子供あるいは保護者が社会的障壁の除去を望んでいて，それが体制的，財政的に均衡を失したまたは過度の負担を課さない場合には，その合理的配慮を提供しなければならないということである。社会的障壁とは，「障害がある者にとって日常生活又は社会生活を営む上で障壁となるような社会における事物，制度，慣行，観念その他一切のもの」を指す。

　例えば自閉症のある児童生徒で聴覚過敏のある場合，イヤーマフやノイズキャンセリングヘッドホンを日常的に使用することは，特別支援学校においてはだいぶ普及してきているようである。しかし，小中学校等においてはそういった慣行はない。視覚過敏がある場合のサングラスはどうだろうか。また，自閉症独特の書字，つまりはねやはらいを嫌い，定規で引いたような文字を正しい漢字とし評価するか否か（常用漢字表に照らせば，ほとんどの場合において誤りではないのだが）など，数多くの課題に直面することになるだろう。共生社会の実現に向けて，教育現場の過去の常識がどれだけの正当性があるものなのか，真剣に検討する時期に差し掛かっている。

〈樋口　一宗〉

③ 自閉症のある児童生徒等への支援

1 ◆ 様々な指導法や教材の導入

　障害のある子供を指導するための指導方法としては，昔から多くの指導法や教材が開発されてきているが，特に自閉症のある児童生徒の教育において，学校現場に大きな影響を与えたものについて概観しておきたい。

〔1〕TEACCH

　1960年代にアメリカのノースカロライナ大学のエリック・ショプラーによって創始された自閉症者のための包括的支援プログラムで，「自閉症及び関連領域のコミュニケーション障害をもつ子どものための治療と教育」の頭文字をつなげたものである（日本LD学会編『LD・ADHD等関連用語集　第3版』日本文化科学社，2011年）。

　本来のTEACCHプログラムは，ジェネラリストとして訓練されたスタッフが，早期幼児期の診断・評価や療育から，学校教育，青年期及び成人期に至る過程のすべての時期と場面を視野において，彼らと家族のニーズに可能な限り多角的にこたえるために，包括的に調整されたプログラムをコミュニティーを基盤に実施するもの（佐々木正美『講座　自閉症療育ハンドブック　TEACCHプログラムに学ぶ』学習研究社，1993年）とされる。包括的に自閉症の支援をしている地域は我が国においてはまだないが，「学習環境の物理的構造化」は多くの学校で取り入れられ，大きな成果を上げている。

〔2〕応用行動分析

　「先行事象・行動・後続事象」の三項随伴性に注目して行動を分析し，先行事象や後続事象をコントロールすることによって行動自体の変容を図るものである。問題行動を変容させるために，障害のない児童生徒に対しては，一般的には叱責を行うことが多い。しかし，コミュニケーションに困難を有する自閉症では，効果的ではない。この指導法は，心理学的な行動変容の原理を利用して，指導者や児童生徒に大きな心理的ストレスを与えることなく行動を変えていくことができる。また，行動変容の過程を客観的なデータによって検証することもでき，エビデンスベースの教育にも寄与するものである。

〔3〕ICT機器

　自閉症のある児童生徒に限らず，ICT機器の活用は，現在の教育において必須と言えるものある。障害があるからこそ，こういった機器を補助的に使用して教育効果を高めることに積極的に取り組む必要がある。

　コンピュータは，一人だけの世界に閉じこもってしまうので好ましくないという人もいるが，使い方を誤らなければ，コミュニケーションの道具にも，知識の獲得にも使え，しかも就労に際して大きな強みとなる可能性を秘めている。

　タブレット端末やスマートフォンなどをコミュニケーションエイドとして活用したり，これらにマニュアルや手順表を収め，必要に応じて利用したりして，効果を上げている例は少なくない。

〔4〕コミュニケーションの技法

　自閉症のある児童生徒との間にコミュニケーションを成立させるためには，音声言語より文字言語を使用したほうがよいこと，写真などの写実的なものより単純化したシンボルのほうが理解しやすいことなどは，よく知られていた。

　近年はそれらを生かした手法として，コミック会話やソーシャルストーリーなどが提唱され，使いやすいという評価を得ている。

2 ◆ 当事者による内面の報告

　世界で初めて自閉症のある当事者による自伝が出版されたのが，ドナ・ウィリアムズによる『自閉症だったわたしへ』（河野万里子訳，新潮社，1993年，原題"Nobody Nowhere"）だったと記憶している。次いでテンプル・グランディン『我，自閉症に生まれて』（カニングハム久子訳，学習研究社，1994年）が出版され，当事者が書いた文章によって自閉症当事者の感じ方や考え方が多くの人に理解されるようになった。その後，多くの同種の書籍が刊行されている。我が国においては『変光星』（森口奈緒美，飛鳥新社，1996年）がその嚆矢だったと記憶している。

　それ以後，多くの当事者たちの自己開示，あるいは自己分析によって，自閉症のある人々を理解するための資料はかなり充実してきており，また，新たな知見ももたらされている。大いに参考としていく必要があるだろう。

〈樋口　一宗〉

④ 自閉症のある児童生徒等への生徒指導

　平成22年3月，小学校段階から高等学校段階までの生徒指導の理論・考え方や実際の指導方法等について，時代の変化に即して網羅的にまとめ，生徒指導の実践に際し教員間や学校間で教職員の共通理解を図り，組織的・体系的な生徒指導の取組を進めることができるよう，生徒指導に関する学校・教職員向けの基本書として，まとめられたのが「生徒指導提要」である（文部科学省）。同書において，生徒指導を進める上で発達障害に関する知識・理解が必要であるとの観点から，発達障害について，近年の取組の状況を反映し，その理解と支援の在り方について，初めて記述された。

　「生徒指導提要」では，発達障害に含まれる自閉症の定義を示し，自閉症のある児童生徒の特性として，

・先の見通しが持てないことへの不安感が大きいため，本人にとって，予想外の出来事が多い学校生活では，集団の中にいるだけで不安になる要素を経験していること
・対人関係やコミュニケーションに障害があり，経験の中から文脈を理解し，場面状況を把握し，暗黙の了解などを学ぶことが苦手で，相手の気持ちを推し量ることや自分の言動が周りにどのような影響を与えているのかを把握することも難しい。そのため，周りの児童と同じ行動が取れなかったり，指示に従えなかったりすることが多く見られ，わがままで自分勝手と受け止められることもある

と示され，特段の配慮をすべきであるとしている。

　これらの障害の特性が，直接の要因として問題行動につながることはないが，障害の特性により生じる学力や対人関係の問題に対して，周りがそれと気付かずに，やる気の問題や努力不足という見方で無理強いをしたり，注意や叱責が繰り返されたりすると，失敗やつまずきの経験だけが積み重なる。こうしたことがきっかけとなり，ストレスや不安感の高まり，自信や意欲の喪失，自己評価，自尊感情の低下を招くことになり，さらなる適応困難，不登校や引きこもり，反社会的行動等，二次的な問題としての問題行動が生じることがあるとし

ている。

　留意点としては，以下の点が挙げられている。

　保護者との協働，関係機関との連携を進めることなどのほか，障害特性によるつまずきや失敗がくり返され，学校生活に対する苦手意識や挫折感が高まると，心のバランスを失い，精神的に不安定になり，様々な身体症状や精神症状が出てしまう等，二次的障害として不適応状態がさらに悪化してしまう場合があること。その症状には，不登校や引きこもりのように内在化した形で出る場合，暴力や家出，反社会的行動など外在化した形で出る場合などがあるので，二次的障害の可能性を常に考慮し，対応することが重要である。

　障害による特性に応じた支援を工夫するとともに，特性によるつまずきや困難さにより，自信や意欲を失ったり自己評価が低くなったりしないように，自尊感情を高めていく対応が大切であるとしている。

〈樋口　一宗〉

5 今後の展望及び課題

　今後も自閉症の診断名や診断基準が変化していく可能性があり，治療法が開発される可能性もないとは言い切れない。しかし，大切なのは，診断の基準が変わった，障害名が変わったということではなく，当事者の生活に寄り添い，どのような支援が必要か考え，必要な支援，適切な指導を行っていくことであろう。目の前に存在している子供が，診断基準や診断名が変わった途端に別の存在に変わるのではないのだから。

　現在，自閉症のある子供の指導に当たって，教師側の意図を誤りなく伝えるための工夫は様々にされており，その技術の躍進は目覚ましい。しかし，自閉症のある本人が，その活動をしたいのか，あるいはしたくないのか，どのように進めたいと願っているのか，などを本人が表現できるような指導の積み重ねは不足しているように思える。

　好き嫌いを言えるようにする，いくつかの選択肢の中から選ぶ，自分で文章を組み合わせてつくることができるようにする，自分の感情を表現できるようにする，など，まだ工夫の余地がありそうである。教師からの一方的なコミュニケーションの成立でなく，双方向性に配慮してコミュニケーション能力を育てることに配慮していく必要があろう。

　また，早期からの計画的，組織的な支援を行うことによって，二次的な障害の防止をすることの重要性はだいぶ理解されてきている。自閉症の場合，二次的な障害の予防も重要であるが，誤学習を予防することも非常に重要である。例えば，ある中学校を訪問したときに，たまたま友達の足がぶつかったときでも，必ず仕返しをするというルールで生活している生徒がいた。相手に悪気があってもなくても，常に同じように対応するため，トラブルが絶えないのだという。本人は「相手がわざとじゃないと言っても，自分は痛い思いをした。この場合は仕返しをすることができる」という，ある意味では明確な，かつ厳格なルールを適応しており，例外は一切認めない。「相手に悪気がなかった場合は許す」あるいは「仕返しはしない」といったルールをどうやって教えればいいのか困っていた。

特に自閉症のある児童生徒等の場合，大人の対応が不適切なために，誤った行動を学習してしまうことがあり，それを修正する場合には大変な苦労を伴う。わかっていると思うことでも，常に本人が正しく理解しているかどうか確認しながら，指導を進めていく必要がある。

　自閉症のある児童生徒の知的発達の状態を正しく把握することも課題の一つである。発達検査の多くは，検査者が出題し，それに対する被検査者の対応を観察することによってその結果を求めるようになっている。特に現在の発達検査の二大主流ともいえる WISC や K-ABC においては，手指による操作と言語による応答がその対応の主体である。したがって，会話が成り立たない場合は検査不能であり，たどたどしい会話ができる場合，検査は可能であるものの，発達段階を正しく把握することができるかは疑問である。

　例えば，ある自閉症者は筆談やパソコンによって意思表示ができるようになり，多くの物語や詩，絵本などを発表しているが，会話は困難である。「僕は，今でも，人と会話ができません。声を出して本を読んだり，歌ったりはできるのですが，人と話をしようとすると言葉が消えてしまうのです。必死の思いで，1〜2単語は口に出せることもありますが，その言葉さえも，自分の思いとは逆のものの場合も多いのです」(東田直樹『自閉症の僕が跳びはねる理由』エスコアール出版部，2007年)

　こういった状態の自閉症者の知的発達の度合いを調べる方法はまだ開発されていない。また，不器用な自閉症者の発達は，実際よりも低く見積もられる可能性が高い。

　こう考えると，自閉症のある児童生徒に対して，知的障害を併せ有すると判断すること自体が適切であるかどうか，自閉症と知的障害の関係についても，さらなる研究が必要である。

〈樋口　一宗〉

= Column =

インクルーシブ教育システム

　平成18年12月に，国連総会において，「障害者の権利に関する条約」が採択され，我が国は，平成26年1月に閣議決定の後に，条約を批准し，2月に発効している。この条約においては，「インクルーシブ教育システム」の充実を求められている。「インクルーシブ教育」は，文字どおり「包括」または「包含」した教育を意味することから，障害のある子供も障害のない子供も一緒の場で教育を受けることと考えられる。しかし，どの子供も常にその状態を求めることが適切かなど，様々な課題があり，我々が指向すべき理念としたい。一方，「インクルーシブ教育システム」は，「インクルーシブ教育」の実現を目指す制度や仕組みを指すものである。例えば，多様な学びの場，専門の教員免許制度，ユニバーサルデザインによる施設・設備や効果的な指導，有効な教材，効果的な交流及び共同学習，関係機関との有効な連携などがそれに該当し，その質的・量的な充実が必要であろう。

　中央教育審議会初等中等教育分科会報告（平成24年7月）「インクルーシブ教育システム」においては，同じ場で共に学ぶことを追求するとともに，自立と社会参加を見据え，その時点での障害のある子供などの教育的ニーズに最も的確に応える指導ができる，多様で柔軟な仕組みを整備することが必要であり，また，同じ場で共に学ぶ際にも，どの子供も，授業内容がわかり，学習活動に参加している実感・達成感を得ながら，充実した時間を過ごしつつ，生きる力を身に付けていけるかどうかが最も本質的な視点であり，そのための環境整備が必要であるとしていることを特に重視したい。

〈石塚　謙二〉

Chapter II

教育課程と指導計画

1 教育課程

1 ◆ 教育課程とは

　学校において編成する教育課程とは，学校教育の目的や目標を達成するために，教育内容を児童生徒の心身の発達に応じ，授業時数との関連において総合的に組織した学校の教育計画[1]である。

　教育課程は，学校の教育目標を達成するための羅針盤の役割を果たすと言える。在校するすべての児童生徒が，学校の教育目標に到達できるように，児童生徒の様々な障害特性やその学び方の特徴を踏まえた教育的な配慮の下，学校の教育活動が一人一人の児童生徒に効果的に働くことを目指し各教科等の内容が編成される必要がある。教師には，羅針盤が示す方向性を確実に各教科等の指導計画や個別の指導計画に落とし込み，教育を展開することが求められる。

2 ◆ 自閉症[2]のある児童生徒に必要な指導内容や配慮事項

　自閉症のある児童生徒に対する指導や支援は，基本的には，自閉症やそれに類するものによる適応不全の改善を目的とする。社会生活への適応が困難であるために，特別な教育的支援が必要な子供が自閉症教育の対象となることを念頭に置く必要がある。

　一般的に，自閉症のある児童生徒への教育的対応の困難さでは，次の点が指摘されることが多い。

① 親密で安定した情緒的な関係を築くことの難しさ
② 相手の立場や気持ちを察しながら友達関係を築くことの難しさ
③ 意味理解や見通し，関係付けの困難さによる集団参加の難しさ
④ 人と感情や意見を相互交渉するコミュニケーションの難しさ
⑤ こだわりや興味・関心の限定による集団参加の難しさ
⑥ 周囲が受け入れがたい行動

などである。

　このような困難さが指摘される背景には，自閉症の障害特性があることを理解しておくことが，教育的対応の原則となる。

　自閉症のある児童生徒が，円滑に集団に適応していくことなどができるよう

にするために，児童生徒一人一人の困難さの状態に対応しながら，個別的な指導がより重視されていくことが大切である。

具体的には，適切に意思の交換を図ること，円滑な対人関係を築く方法を学ぶこと，社会的なルールを確実に身に付けていくことなどが，指導内容として位置付いていくことになる。さらに，当然のことながら，目標をもって主体的に学習に取り組むための関心・意欲・態度を育てていくことや基礎・基本的な学力を確実に定着させていくことなども，指導内容を構成する際の基盤となっていくが，個々の児童生徒により，指導目標や指導内容・方法の重点が様々に異なることに留意が必要である。

指導方法に関しては，自閉症のある児童生徒が学習しやすい環境について十分に配慮し，例えば，活動する内容と活動する場所を対応させていくこと（物理的な構造化），学習の流れ・展開を視覚的に提示していくこと（時間の構造化），そして活動する順番や作業の手順をわかりやすくすること（活動の構造化）等の工夫や配慮を学校として組織的に取り組む必要がある。

3 ◆ 特別支援学校（知的障害）の現状

特別支援学校（知的障害）で学ぶ自閉症のある児童生徒は，特別支援学校就学のための障害の状態を示した学校教育法施行令第22条の3に示された知的障害の程度[3]であり，かつ自閉症を併せ有する児童生徒である。

平成25年度の全国特別支援学校知的障害教育校長会[4]の調べでは，知的障害を併せ有する自閉症の児童生徒（自閉的傾向含む）の在籍者数は，小学部46.8％，中学部42.5％，高等部29.5％となっている。

また，同調査において，学部ごとに学級編制状況を見てみると，小学部においては80％，中学部では83％，高等部では85％の学校において，学級の中に，自閉症のある児童生徒が在籍している状況があり，その中には，自閉症のある児童生徒だけで学級が構成されている場合も多くある。

特別支援学校（知的障害）において，自閉症の児童生徒の在籍状況を踏まえれば，自閉症の児童生徒への教育的対応に係る教師の専門性向上がますます重要となってくると言える。

4 ◆ 特別支援学校（知的障害）における教育課程編成の工夫

〔1〕教育課程編成の基本

　特別支援学校小学部・中学部学習指導要領の「教育課程の編成」一般方針には，「各学校においては，教育基本法及び学校教育法その他の法令並びにこの章以下に示すところに従い，児童又は生徒の人間として調和のとれた育成を目指し，その障害の状態及び発達の段階や特性等並びに地域や学校の実態を十分考慮して，適切な教育課程を編成するものとし，これらに掲げる目標を達成するよう教育を行うものとする」[5]（高等部学習指導要領についても同様である）ことが示されている。この規定は，児童生徒の障害の状態及び発達の段階や特性等を十分把握して，これを教育課程の編成に反映させることが必要であることを示している。

　各学校が児童生徒の障害の状態等に応じた適切な教育課程を編成していくためには，自閉症のある児童生徒の在籍状況等の実態を踏まえて，自閉症の児童生徒への教育的対応について，学校経営方針に明確に位置付けていくことが第一歩となる。

　その上で，自閉症のある児童生徒に必要な指導内容について，各教科等にどのように位置付けて編成していくのかが検討されることとなる。

〔2〕特別支援学校（知的障害）における教育課程編成について

　特別支援学校においては，自閉症のある児童生徒への必要な指導内容を教育課程に位置付ける場合には，自立活動の内容，各教科における指導，各教科等を合わせた指導の形態を，相互に関連付けながら編成することになる。

　特別支援学校学習指導要領（平成21年3月に告示）における自立活動では，六つの区分ごとに25の項目が示されている。

　自立活動の区分・内容では，障害の重度・重複化，発達障害を含む多様な障害に応じた指導を充実させるため，「他者とのかかわりの基礎に関すること」「他者の意図や感情の理解に関すること」「自己の理解と行動の調整に関すること」「集団への参加の基礎に関すること」の四つの項目を，「3　人間関係の形成」として新たに区分している。また，「感覚や認知の特性への対応に関すること」の項目については，「4　環境の把握」に示された。

自立活動の区分と内容項目の一部抜粋

1　健康の保持
2　心理的な安定
3　人間関係の形成
　(1)　他者とのかかわりの基礎に関すること。
　(2)　他者の意図や感情の理解に関すること。
　(3)　自己の理解と行動の調整に関すること。
　(4)　集団への参加の基礎に関すること。
4　環境の把握
　(1)　保有する感覚の活用に関すること。
　(2)　感覚や認知の特性への対応に関すること。
　(3)　感覚の補助及び代行手段の活用に関すること。
　(4)　感覚を総合的に活用した周囲の状況の把握に関すること。
　(5)　認知や行動の手掛かりとなる概念の形成に関すること。
5　身体の動き
6　コミュニケーション
　(1)　コミュニケーションの基礎的能力に関すること。
　(2)　言語の受容と表出に関すること。
　(3)　言語の形成と活用に関すること。
　(4)　コミュニケーション手段の選択と活用に関すること。
　(5)　状況に応じたコミュニケーションに関すること。

　（注　下線部は，今回の改訂において改正された箇所を示す）

　自立活動の指導に当たっては，区分・内容項目ごとに別々に指導することではなく，児童生徒の適切な実態把握の下に，障害の状況や発達の段階などを踏まえながら，個々の児童生徒に必要とされる項目を選定し，それらの項目を相互に関連付けて具体的な指導内容を設定していくことになる。

　例えば，児童生徒の実態を踏まえて，区分「3　人間関係の形成」における内容項目「(2)　他者の意図や感情の理解に関すること」と「(3)　自己の理解と行動の調整に関すること」「(2)　感覚や認知の特性への対応に関すること」の三つの内容項目を関連させて指導内容を設定することなどである。自閉症のある児童生徒は，「他者が自分をどう見ているのか」との理解が不十分なことから，

自己理解が困難なために、適切な他者へのかかわりや行動ができない場合がある。そのため、「自己の理解と行動の調整に関すること」を指導内容の中心としながら、体験的な活動を通して、他者の意図や感情を考え、その場面での対応方法を身に付けたりする指導と関連させたり、不快な音や光に反応して、適切な行動が取りにくくなる場合には、自ら、不快な音や光を避けることができるようにしたりする指導など、三つの内容項目を相互に関連させていくことが必要となる。

各教科等を合わせた指導の中で、より一層、自閉症のある児童生徒の困難さに対応できるように、自立活動の内容を踏まえ、各教科等を合わせた指導の形態の一つとして、指導内容を編成している地域、学校もある。

例えば東京都では、各教科等を合わせた指導の形態として「社会性の学習」[6]を位置付けている。学習のねらいは、障害ゆえに生じる学習上または生活上の様々な困難の改善・克服のための可能性の伸長を図ることに指導目標が置かれている。また、支援方法を検討していく中で、周囲との関係で生じる困難さを軽減し、社会参加の可能性を広げていくことにある。

社会性の学習では、「対人関係に関すること」や「ソーシャルスキルに関すること」の二つの内容を中心に指導内容が構成されている。

対人関係や社会性の困難さ、生活年齢や発達の段階は、児童生徒一人一人が異なるので、個別の指導計画に基づく指導を重視し、児童生徒の興味・関心を生かした適切な題材を選定して継続的に取り組むことが重要である。

一方で各教科等を合わせた主要な指導の形態である「生活単元学習」における単元は、実際の生活から発展し、児童生徒の興味・関心に応じたものであり、比較的個人差の大きい集団にも適合していくように計画がされる。学習集団が大きい場合においても、自閉症のある児童生徒一人一人の活動への取組状況や活動を通して何を学び得ているのかなど慎重に検討していく必要がある。児童生徒が、単元を通して身に付けることのできる力を明確にし、指導目標を設定していくことが重要である。

5 ◆ 自閉症・情緒障害特別支援学級における教育課程

自閉症・情緒障害特別支援学級は小学校及び中学校に設置されていることから、教育課程の編成は原則的には小学校または中学校の学習指導要領による。

しかし，対象とする児童生徒の実態から，通常の学級における学習が困難であることから，児童生徒に応じて特別の教育課程[7]を編成している。この場合，特別支援学校の学習指導要領を参考として教育課程を編成することとなる。

自閉症のある児童生徒は，生活技能が十分に身に付いていない場合もあることから，特別支援学校（知的障害）の各教科等を参考にするなどして，適切な教育課程を編成することが大切である。また，下学年の内容に替えたり，基礎的基本的内容を重視したりなどしている。

6 ◆ 通級による指導（自閉症）

基本的には，特別支援学校等における自立活動を参考とした指導を中心としながら，社会的適応性の向上を目的とし，限られた授業時数の中で，自閉症・情緒障害特別支援学級と類似した同様のねらいで取組がなされている。

通級による指導では，児童生徒の障害の状態等に即して，必要に応じて各教科等の補充的な指導を行っている。

7 ◆ 通常の学級における指導

通常の学級においては，単元等の指導計画による指導内容を焦点化したり重点化したりして，基礎的・基本的な事項の定着に留意することが大切である。

また，書くことや読むことになどに時間を要したり，指示や説明を聞くことに関しても一部のみの理解になってしまったりすることに注意が必要である。

通常の学級においては，合理的配慮の観点（通常の学級だけでなくいかなる場でも必要なもの）に基づいて，配慮がなされることが重要である。

平成24年度に文部科学省が行った「通常の学級に在籍する発達障害の可能性のある特別な教育的支援を必要とする児童生徒に関する調査」[8]の結果の中で，知的発達に遅れはないものの「学習面で著しい困難を示す」あるいは「行動面（多動性−衝動性）の問題を著しく示す」児童生徒の割合が，小学校1学年から第6学年または中学校1学年から3学年にかけて，学年進行とともにその割合が概ね減少する傾向があった。

一方で，知的発達に遅れはないものの「行動面（対人関係やこだわり等）の問題を著しく示す」児童生徒の割合は，学年進行によらず，一定の割合を示していた。

本調査は，担任教員等の回答に基づくものであり，発達障害のある児童生徒

の割合を示すものでないことや，特定の児童生徒を標本とする経年変化を追った結果ではないことに留意が必要である。この点を踏まえた上で，小学校や中学校のどの学年においても，知的発達に遅れはないものの対人関係やこだわり等の問題を有する児童生徒への配慮や支援について，教育的な専門性を担保しておく必要がある考えられる。

8 ◆ 自閉症のある児童生徒の教育における合理的配慮の観点の例

「合理的配慮」は，国連「障害者の権利に関する条約」において提唱された新たな概念である。条約の趣旨を踏まえて平成23年8月に改正された障害者基本法では，障害者が個々の場合において社会的障壁の除去を必要とし，かつ，そのための負担が過重でない場合には，その障壁を除去するための合理的な配慮がなされなければならないことが規定された。

平成24年7月の中央教育審議会初等中等教育分科会報告「共生社会の形成に向けたインクルーシブ教育システム構築のための特別支援教育の推進」において定義された「合理的配慮」の要点は次のとおりである。

〇障害のある子供が，他の子供と平等に「教育を受ける権利」を享有・行使することを確保するために，学校の設置者及び学校が必要かつ適当な変更・調整を行うこと

〇障害のある子供に対し，その状況に応じて，学校教育を受ける場合に個別に必要とされるもの

〇学校の設置者及び学校に対して，体制面，財政面において，均衡を失した又は過度の負担を課さない「合理的配慮」は，一人一人の障害の状態や教育的ニーズ等に応じて決定されるものである。

自閉症のある児童生徒の指導に当たっては，どのような場で教育をするにしても，①教育内容・方法，②支援体制の整備，③施設・設備，の観点で個別に必要な配慮を検討することが必要である。

例えば①教育内容・方法の観点の例では，次のような内容である。

●教育内容・方法の例

・学習上又は生活上の困難を改善・克服するための配慮

自閉症の特性である「適切な対人関係形成の困難さ」「言語発達の遅れや異なった意味理解」「手順や方法に独特のこだわり」等により，学習内容の習得の困難さを補完する指導を行う。（動作等を利用して意味を理解する，繰り返し練習をして道具の使い方を正確に覚える等）
・学習内容の変更・調整
　　　自閉症の特性により，数量や言葉等の理解が部分的であったり，偏っていたりする場合の学習内容の変更・調整を行う。（理解の程度を考慮した基礎的・基本的な内容の確実な習得，社会適応に必要な技術や態度を身に付けること等）
・情報・コミュニケーション及び教材の配慮
　　　自閉症の特性を考慮し，視覚を活用した情報を提供する。（写真や図面，模型，実物等の活用）また，細かな制作等に苦手さが目立つ場合が多いことから，扱いやすい道具を用意したり，補助具を効果的に利用したりする。
・学習機会や体験の確保
　　　自閉症の特性により，実際に体験しなければ，行動等の意味を理解することが困難であることから，実際的な体験の機会を多くするとともに，言葉による指示だけでは行動できないことが多いことから，学習活動の順序を分かりやすくなるよう活動予定表等の活用を行う。
・心理面・健康面の配慮
　　　自閉症の特性により，二次的な障害として，情緒障害と同様の状態が起きやすいことから，それらの予防に努める。

〈丹野　哲也〉

1　「特別支援学校学習指導要領解説総則編（幼稚部・小学部・中学部）」平成21年6月30日，P.120
2　本節では，学校教育法施行規則等の関係法令に基づき，「自閉症」と称す。自閉症とは，①他人との社会的関係の形成の困難さ、②言葉の発達の遅れ、③興味や関心が狭く特定のものにこだわること，を特徴とする発達の障害である。
3　学校教育法施行令第22条の3に特別支援学校（知的障害）の対象者である子供の障害の程度は以下のように示されている。
　　一　知的発達の遅滞があり，他人との意思疎通が困難で日常生活を営むのに頻繁に援助を必要とする程度のもの

二　知的発達の遅滞の程度が前号に掲げる程度に達しないもののうち，社会生活への適応が著しく困難なもの
4　第36回全国特別支援学校知的障害教育校長研究大会近畿（奈良）大会都道府県合同研究協議会（第2回代表者研究協議会）情報交換資料，平成25年8月7日
5　「特別支援学校小学部・中学部学習指導要領」第1章総則第2節，平成21年3月告示
6　平成19年3月「自閉症の障害特性に応じた教育のガイドライン　自閉症の教育課程の編成と『社会性の学習』」東京都教育委員会
7　学校教育法施行規則第138条に基づく。
8　文部科学省初等中等教育局特別支援教育課，平成24年12月5日
　　http://www.mext.go.jp/a_menu/shotou/tokubetu/material/1328729.htm

= Column =

自閉症に関連のある法律及び制度

　日本は，平成26年1月20日，世界で140番目に障害者の権利条約を批准した。第24条の教育の条文には，教育制度や合理的配慮等が記載されており，今後，一層の改革・改善が求められると思われる。近年，特別支援教育が推進され，発達障害の児童生徒への教育制度が整えられてきた。通級による指導では，平成18年3月に学校教育法施行規則と告示の一部改正が行われ「自閉症者」が規定され，学習障害，注意欠陥多動性障害の児童生徒が対象とされた。学校教育法施行規則第140条に明記されている。特別支援学級では，平成21年2月に文部科学省から「『情緒障害者』を対象とする特別支援学級の名称について」（通知）が出され，障害種の明確化が図られ，「自閉症・情緒障害特別支援学級」と規定された。特別支援学校では，平成16年に自閉症の幼児児童に対して教育を行う筑波大学附属久里浜養護学校が設置されたが，全国の特別支援学校では自閉症の比率が極めて増加傾向にあるものの学校教育法の第72条に基づき知的障害者の特別支援学校で教育がなされており，今後の課題となっている。

　平成16年12月に成立した「発達障害者支援法」は，発達障害の定義を明確にし，発達障害への理解を図り，地域における具体的な支援システムの構築を図るために支援体制の整備，関係機関の連携等が挙げられている。内容としては，国及び地方公共団体の責務及び国民の責務を明示し，発達障害の早期発見，早期の発達支援，保育，教育及び放課後児童事業の利用，就労支援，地域での生活支援，権利擁護，家族への支援等が明確にされた。また，発達障害者支援センター等，専門的な医療機関の確保等，関係機関の連携を図り体制整備を図ることとしている。成立して8年が経ち，障害者総合支援法等の諸制度との整合性を図ることや，支援者人材育成，発達障害のための手帳制度，インクルーシブ教育の推進等，発達障害者支援法の見直しが求められている。今日的課題として，平成24年10月施行の「障害者虐待の防止，障害者の養護者に対する支援等に関する法律」や平成25年6月制定の「障害を理由とする差別の解消の推進に関する法律」（障害者差別解消法）の理解も大切である。

〈三苫由紀雄〉

② 指導計画

　指導計画とは，学校で編成された教育課程（教育計画）を具体化した計画である。

　指導計画には，年間指導計画を始めとして，週ごとの指導計画，さらには，単元計画や授業の指導計画案，そして，一人一人の児童生徒の実態に合わせて作成される個別の指導計画に至るまで，各種のものがある。

　図は，学校における様々な指導計画や個別の教育支援計画などの位置付けが具体的にイメージできるように整理したものである。

1 ◆ 各教科等の年間指導計画の作成に当たって

　各教科等の年間指導計画の作成に当たっては，国語や算数などの指導を行う「教科別の指導」と生活単元学習などの「各教科等を合わせた指導」で取り扱

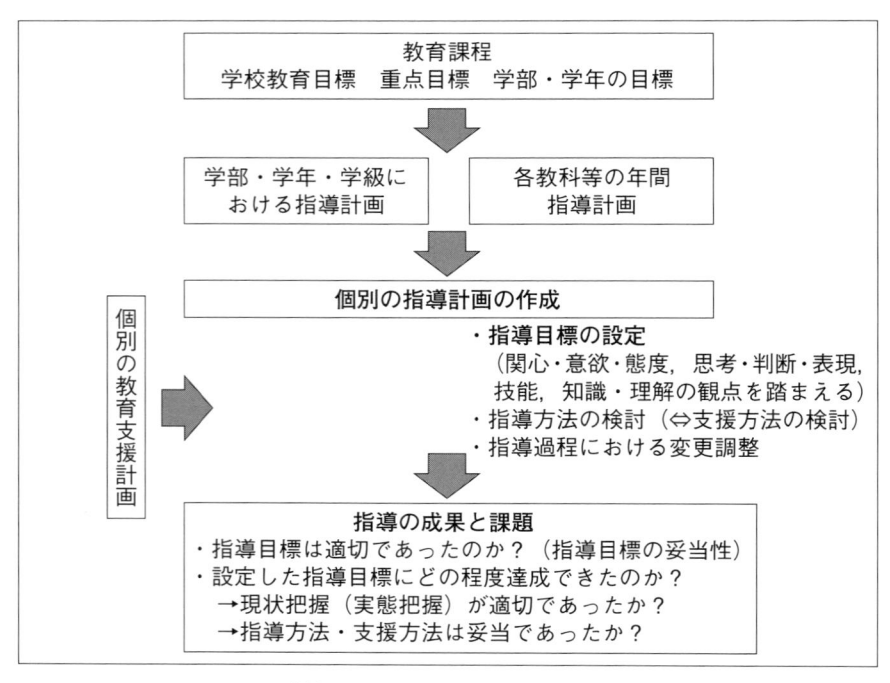

```
          教育課程
 学校教育目標　重点目標　学部・学年の目標
                ↓
┌─────────────┐  ┌─────────────┐
│学部・学年・学級に│  │各教科等の年間 │
│おける指導計画　　│  │指導計画　　　　│
└─────────────┘  └─────────────┘
                ↓
┌─────────────────────────────┐
│　　個別の指導計画の作成　　　　　　│
└─────────────────────────────┘
        ・指導目標の設定
          （関心・意欲・態度，思考・判断・表現，
　　　　　　技能，知識・理解の観点を踏まえる）
        ・指導方法の検討（⇔支援方法の検討）
        ・指導過程における変更調整
                ↓
┌─────────────────────────────┐
│　　　　指導の成果と課題　　　　　　│
│・指導目標は適切であったのか？（指導目標の妥当性）│
│・設定した指導目標にどの程度達成できたのか？　　　│
│　　→現状把握（実態把握）が適切であったか？　　　│
│　　→指導方法・支援方法は妥当であったか？　　　　│
└─────────────────────────────┘
```
（左側に縦書き：個別の教育支援計画）

学校における指導計画等の関係の例

う内容との関連性を十分に検討しながら作成することが必要である。

　例えば,「算数」の内容の第1段階で示されている「具体物があることが分かり,見分けたり,分類したりする」ことを,具体化させて,その指導目標として「形や色が同じものを選ぶ」こととした場合に,生活単元学習の中において,「算数」の中で学習した内容が具体的に生かされる場面設定があることが学習内容の定着を図るためには効果的である。そのため,生活単元学習の中では,「形や色」から発展させた生活上の目標により密接するように,例えば「あそびで使用したおもちゃや道具を分類して整理する」ことを指導目標とする場面設定を行いながら,生活に必然性のある一連の活動として実際的・総合的に学習していくことも考えられる。

　自閉症のある児童生徒は,ある指導場面で学習した知識や技能を,異なる指導場面や日常生活の中で生かしていくことの難しさがある。そのため,各教科で学習した,例えば知識・技能に係わる内容の日常生活場面への移行について,時間をかけて段階的に指導できるように年間指導計画を編成することが必要である。

1単位時間の授業の構成例

展開例	内容の視点
導入課題 （10分）	○前時の振り返り ○発展課題への見通し
発展課題 （15分～20分）	○本時の指導目標のターゲットとなる課題
定着課題 （5分～10分）	○定着しつつある課題や定着している課題
振り返り （10分）	○本時に達成できた点についての評価（児童生徒へのフィードバック）

2 ◆ 授業計画について

　授業計画には,様々な計画があるが,ここでは,1単位時間の授業計画の考え方について述べる。

　1単位時間は,小学部であれば45分,中学部・高等部であれば50分を標準としている。1単位時間の中で,どのように授業を展開するのか示したものが授業計画であり,指導案とも呼ばれる。

　授業計画は,図「1単位時間の授業の構成例」で示したように,「①導入課題」→「②発展課題」⇔「③定着課題」→「本時の振り返り（まとめ）」の大まか

な枠組みの中で、授業展開が構成されているのが一般的である。

この中で、授業の核となる場面は、②の発展課題をどのように学習して、その子供のもてる力をさらに伸ばしていけるのかが指導のポイントとなる。

発展的な課題を円滑に学習するポイントは、導入課題にある。導入課題では、前時までに学習した内容やすでに定着した課題で構成される場合が多いが、導入課題で提示した課題をクリアする手続きや操作で、当該児童生徒のその時点の力において、なんとか乗り越えられそうな課題を発展的な課題として、設定することである。

例えば、前時までの学習の中で、四角形や円などの基本図形の大・小について比較し、二者択一の選択ができるようになった場合には、発展課題として、身近な具体物に替えるなど、手続き的には同じ操作で、解決に結び付く課題を発展課題とすると効果的である。

このような課題を設定するためには、日々の児童生徒の学習状況をいかに適切に把握しているのか、また児童生徒の実態把握も含めたアセスメントができているのかにかかっている。

3 ◆ 個別の指導計画における指導目標の設定

個別の指導計画の作成は、児童生徒一人一人の実態を的確に把握し、適切な指導目標の設定の下、指導方法が具体的に計画されていくことが必要である。

個別の指導計画の設定に当たっては、指導目標の設定が何よりも重要となる。

指導目標の設定、指導方法の検討、指導、評価、次の指導課題の設定をPDCAサイクルに喩えると、指導目標の設定はP（プラン・計画）に相当する部分である。プラン・計画に妥当性がなければ、PDCAサイクルが適切に回転しても、期待される結果は得られない。すなわち、指導目標の設定においていかに精度を高めていくのかが重要となる。

〔1〕指導目標の構造的な設定

個別の指導計画における指導目標設定に当たっては、次の2点に留意して目標設定を行うことにより、的確な指導目標の設定が可能であると考える。

〔2〕一つの指導目標に一つの評価項目であること

指導目標の中には、一つの指導目標に対して、二つ、三つの目標が盛り込まれている場合がある。複数の指導目標が設定してある場合、評価すべき項目が

わかりにくくなってしまう場合が多い。また，複数の指導目標の中から比較的評価しやすい項目，例えば達成できた目標などを選択して評価してしまうこともある。そのため，指導目標の設定に際しては，児童生徒のもてる力で，乗り越えられそうな程度の評価すべき項目を一つに厳選し，指導目標を設定することが大切である。

〔3〕指導目標は具体的であること

具体的であるということは，場面や条件を限定して，評価できる項目を設定するということである。

指導目標の中に，次に示す4点の要素が含まれると，指導目標がより具体的に設定できるのではないかと考える。

　ア　単元名（学習内容）
　イ　各教科の観点（関心・意欲・態度，思考・判断・表現，技能，知識・理解）
　ウ　程度を示すもの（例えば，数値で表される量や，どのくらい，どんなふうに）
　エ　動作，表出

例えば，次のようである。

「物運びごっこでは，ボールを落とさないように指定された場所まで運ぶことができる」

この指導目標を構造的に見てみると，「物運びごっこでは，」として単元名や学習場面を限定し，その上で，評価する観点が「ボールを落とさないように」という技能の観点が示されている。さらに「量や程度」として「指定された場所まで」として，最後に「運ぶことができる」という動作表出でまとめられている。

このように，指導目標を構造的に設定すると，目標の内容がより明確になり，評価の精度がより一層向上していくと考えられる。

次章からの実践について，このような視点から児童生徒の成長や変容を見ることで，指導目標や指導内容の妥当性等についても考えていただき，自閉症のある子供たちの教育がより豊かになる実践が多く生まれることを願っている。

〈丹野　哲也〉

= Column =

世界自閉症啓発デー
～自閉症の理解と支援の行動を～

　近年，日本の各地で，毎年，4月2日は世界自閉症啓発デーとして，また，4月2日から8日までの期間は発達障害啓発週間として，シンポジウムの開催や東京タワーをはじめとしてランドマークのブルーライトアップ等の活動が行われている。世界自閉症啓発デーは，2007年12月18日に開催された国連総会において，カタール王国王妃の提案により，毎年4月2日を「世界自閉症啓発デー」(World Autism Awareness Day)とすることが決議されたもので，自閉症の理解啓発を全世界で進める取組である。国連決議には，「4月2日を『世界自閉症啓発デー』に指定し，これを2008年から毎年，記念することを決定する」「すべての加盟国，国際機関並びに，NGOおよび民間セクターを含む市民社会に対し，自閉症に対する世論の認識を高めるため，『世界自閉症啓発デー』を記念するよう働きかける」「加盟国に対し，家庭レベルを含む社会全体で，自閉症の子どもに対する認識の向上を図る」「事務総長に対し，本決議について，すべての加盟国および国連機関の注意を喚起するよう要請する」[1]としている。4月2日には世界各国がイベントを開催しているが，日本も，世界自閉症啓発デー・日本実行委員会が組織され，「世界自閉症啓発デー・シンポジウム」が厚生労働省及び日本自閉症協会主催で開催されている。この間のテーマには，「共に支え合い，共に生きるために」(2011年)，「私たちの強みと生きにくさ～当事者と家族のライフステージ」(2012年)，「暮らしやすい街づくり」(2014年)などがある。国連事務総長からのメッセージには，「世界自閉症啓発デーは，単に理解を広げることを目的とした日ではありません。この日は行動を起こすきっかけとする日です」[2]として，包容的な世界の実現に役立つ教育プログラム等の取組の支援と参加を要請している。今日，より一層自閉症の人々への教育と支援の充実が求められている。　〈三苫由紀雄〉

1・2　世界自閉症啓発デー・日本実行委員会

Chapter III

自閉症スペクトラム児への指導の基本

1 近年の動向

1 ◆ 自閉症をどうとらえてきたか

　自閉症という言葉が使われるようになったのは，1943年のレオ・カナーの報告からである。それまで自閉症は，最早期に発症した統合失調症と考えられていた。これら子供の統合失調症の研究をしていたレオ・カナーは，特定の症状を有する11例を初めて報告した。このうちの7例は知的障害を伴っており，自閉症という言葉の「自閉」は，統合失調症の症状の自閉に基づいていた。1944年に自閉性精神病質を報告したのは，ハンス・アスペルガーであった。この4例のうち3例は知的障害を伴わないものであり，その後のアスペルガー障害という診断につながっていった。アスペルガーの報告は，オーストリアで敗戦間際の1944年にドイツ語で行われたため，長らく，世界的には顧みられなかった。カナーの報告は米国で英語で行われ，その報告の多くは現在も正しいとされている。その時点で，米国は精神分析が盛んであったため，「自閉症児の親はインテリジェンスが高く，冷たく強迫的である」という親の性格面にのみ注目が向けられた。そのため，「親の愛情が足りないから自閉症になった」といういわゆる心因論が，その後30～40年にわたって世界に拡がり，親が責められた。1950年代にマイケル・ラターが，「自閉症の親とそうでない親で，子どもの育て方に大きな違いはなかった」と報告をし，医学的には心因論は否定された。同時に「自閉症児は，自ら閉じこもっているのではなく，他者との関係を取りにくいだけである」と考えが変わった。脳波異常の割合が高いことなどもあり，自閉症の原因は器質または機能上の問題と考えられるようになり，いわゆる「コペルニクス的転回」と言われた。

　1970年代になり，欧州の自閉症研究者を中心に，「自閉性精神病質も広い自閉症スペクトラム（連続体）の一部である」という考え方が世界的に認められ，自閉症診断の幅が広がった。診断基準の改訂で，広汎性発達障害という大きな枠の中に，自閉症，アスペルガー障害，他に分類できない広汎性発達障害などが含まれるようになった（DSM：米国精神医学会）が，昨年の新たな改訂で大きく変わった。言語障害に一義的に原因を求める考えなどもあったが，現在

は脳の何らかの機能的障害に原因が求められている。これに置かれる環境や，対応の仕方によって，社会不適応が生じて，「生きにくさ」「生きづらさ」を感じると考えられる。

2 ● これまでの自閉症の支援

　最近は，自閉症を含む発達障害は特性であり，そのものは一生存在すると考えられている。かつての支援の中心は，「自閉症はあってはならないものであり，どうしたら自閉症をなくせるか？」という点にあった。心因論が優勢な時代,「愛情を注げば自閉症は改善する」とされて，ひたすら愛情だけを注がれて成人になった自閉症児は，身の回りのことが何もできない自閉症者になった。これまでに自閉症そのものを治そうとする治療薬の開発がいくつも試みられた。バイオプテリン，l-ドーパなどについて薬物治験が行われ，少数例では改善が認められたが，多数例による二重盲検試験では有効性が確認されず，販売には至らなかった。自閉症の真の原因はわかっておらず，仮説に基づく治療薬開発であった。現在も，自閉症の本質を社会性に求め，オキシトシンというペプチドホルモンによる研究が行われている。もともと子宮収縮ホルモンであり，経口摂取では分解されるため，鼻から吸入しているが，この研究の結果が出るにはまだ時間がかかりそうである。現在は自閉症そのものではなく，そこから生じる二次的症状（攻撃性，乱気）をなくそうとする薬物が米国で認可されている。抗精神病薬であるアリピプラゾール（Ⓡエビリファイ）とリスペリドン（Ⓡリスパダール）の2剤であり，国内でも小児を対象に，現在治験が行われている。

　教育でも，固定制の情緒障害学級は長らく「自閉・緘黙など」がその対象とされてきた。これは，その後「自閉症・緘黙など」に変更された。統合失調症の「自閉」症状や，心因論などの影響を受け，情緒障害の代表が自閉症とされていた時代の賜物であった。自閉症が機能論に変わった現在，自閉症・情緒障害学級に名称が変更されている。30年前は，自閉症というと知的障害を伴っており，特別支援学校（養護学校）に通っているのが一般的であった。現在は知的障害のない自閉症（高機能群）は通常の学級にも在籍している。2012年の文部科学省の調査によれば，通常の学級に在籍する「対人面に著しい困難」を抱える生徒は1.1%であった（10年前は0.8%）。

〈市川　宏伸〉

= Column =

海外の動向

　アジアの自閉症支援の発展が目覚ましい。台湾の台北市にある自閉症基金会の本部を訪問した際には，WHOのICF（International Classification of Functioning, Disability and Health：国際生活機能分類）を中核とした理論が構築され，ICFの普及活動を通した，中華人民共和国全土への理解啓発活動に取り組む準備が行われていた。ICFの使用法として，我が国では構造分析が多く使用されるが，国際的には分類も同様に使用される。我が国も障害分類から生活機能分類へと変革したICFを，構造分析ばかりではなく，生活機能「分類」として活用することが国際化に向けて今後，求められるだろう。

　また，「自閉症」は，いわゆる三つ組みの障害によって診断されたが，DSM-5（The fifth edition Diagnostic and Statistical Manual of Mental Disorders）では，①様々な文脈における対人コミュニケーションと対人相互作用の持続的障害，②行動，関心，活動の限局的，反復的な様式，という二つに絞られるかたちで定義された。これは，作成チームが信頼性の高い診断基準を用いようとした結果であるが，一方でアスペルガー障害や，一見正常な発達の後に退行が生じる小児期崩壊性障害，特定不能の広汎性発達障害の一部が診断から除外される可能性は，当事者の不安や，支援の希薄さにつながるのではないかとの懸念もある。なお，DSMと並んで代表的な診断基準の一つとして使用されているICD（International Statistical Classification of Diseases and Related Health Problems：疾病及び関連保健問題の国際統計分類）の改訂版は，2017年に公表が予定されている。

〈齊藤　宇開〉

2 自閉症スペクトラムの特性・治療

　自閉症は低年齢から存在しており，知的障害を伴う場合，自閉症が濃い場合は，その特徴は就学前に気が付かれることが多い。児童・青年期を中心に，特性のいくつかを挙げてみる。発達障害は，いくつかの疾患が同時に存在することが稀ではなく，ASDだけでなく，ADHDやLDが同時に存在することも稀ではない。したがって，実際に対応する児童生徒は同時にいくつかの疾患を抱えていたり，社会不適応から二次的に不安や抑うつなどの症状を呈していたりすることも珍しくない。

1 ◆ 特性のいくつか

〔1〕相手の気持ちがわからないし，自分の気持ちをうまく伝えられない

　このことは，いわゆる「仲良し」をつくれないことにつながり，孤立しやすい。このことは本人の真意が伝わりにくく，誤解を受けやすい。結果として理解してくれる友人が乏しく，孤立しやすい。そのために，学校では「変わっている」と考えられ，「からかい」や「いじめ」の対象になりやすい。しかし，本人はどのように振る舞ったらよいかわからない。そのために，不登校に陥り，そのまま「ひきこもり」になり，社会不適応になる人もある。相手の考え方や，現在の状況が呑み込めていないため，あいさつ，自己紹介，面接などは苦手である。成人になってからも，同僚や上司からも「おかしな人」と思われ，「職場の雰囲気を乱す」とされ，退職を勧められる場合もある。このことは誘導的な質問に騙されやすいことにもつながる。

〔2〕物事の考え方が「全か無か」であり，条件付きの考え方が難しい

　物事を考えるときに，「当然の前提」を考えられないため，「暗黙の了解」が存在しない。

　考え方に柔軟性がないため，「杓子定規である」「融通がきかない」などと評される。人を見るときも，中途がなく，「『よい人』か『悪い人』か」で考えてしまうため，「言っていることをすべて信じる」か「言っていることにまったく耳を傾けない」かの極端な対応になりやすい。このことも社会性という点では誤解を受けやすい。

〔3〕会話において，意味を取り違えやすい

　二つ以上の意味をもつ日本語は，使用される状況でその意味を判断する必要がある。特に，大勢で話し合っている際に，だれとだれの会話かを判断するのが苦手である。○か×かの質問にはよく答えるが，5W1Hの質問には答えにくい。指示どおり行動することは得意だが，自己判断を要求される指示には混乱しやすい。

〔4〕独特の考え方や行動様式をもっている

　特定のことにのみ興味をもちやすく，特定の分野で並外れた才能を発揮することもある。特定の分野において，他人が真似できないようなすばらしい仕事をする可能性がある。一方で，広い視野に立った判断が難しいため，周囲の予測と異なった行動を取り，誤解を生みやすい。他人も自分と同じ考えであると思い込み，一方的な行動を取る可能性がある。独特の行動様式は，同一性保持，常同運動につながりやすい。

〔5〕感覚の感受性が特別である

　聴覚過敏など，特定の感覚が過敏あるいは鈍感なために，生活上の困難を抱えることがある。音への過敏性は，個人により特定の音であって，一般性はない。自分では調節できない感覚上の問題であり，以前は思春期以降は目立たなくなるとされていた。最近は，「成人になっても続く，あるいはひどくなる」例も知られている。このことにより，「火傷をしやすい」「凍傷をつくりやすい」こともある。ほとんどすべての感覚において生じる可能性があり，一人でいくつかの特別性を有する場合もある。

2 ● PARSによる自閉症の症状について

　PARS-TR（PDD & ASD Rating Scale-Text Revision：発達障害者支援のための評価研究会編）は，国内でつくられ，評価者が使用する。9人の自閉症治療者が，特異的と考えられる症状を提出し，自閉症者とそうでない者との間で統計的な処理をしたものである。

　全57項目あり，3段階の評価を行うが，短縮版では23項目となっている。年齢により出現する症状は異なっており，就学前，小学生，中学生以上に分けて質問する。以下に短縮版の症状を記載してみる。

〔1〕幼児期のピーク時を質問する項目（12項目）

　判定する項目は同じだが，就学前・小学生と，中学生以上では判定基準が異なっている。

　「視線が合わない」「他の子どもに興味がない」「名前を呼んでも振り向かない」「指さしで興味のあるものを伝えない」「言葉の遅れがある」「会話が続かない」「一方通行に自分の言いたいことだけを言う」「友達とごっこ遊びをしない」「オウム返しの返答が目立つ」「CMなどをそのままの言葉で繰り返し言う」「同じ質問をしつこくする」「普段通りの状況や手順が急に変わると，混乱する」である。

〔2〕小学生および中学生以上の現在項目を質問する項目（13項目）

　短縮版では小学生及び中学生以上は同一項目であるが，特性の判定得点は異なっている。一部，幼児期項目と重複している。

　「同じ質問をしつこくする」「普段通りの状況や手順が急に変わると，混乱する」「年齢相応の友達関係がない」「周囲に配慮せず自分中心の行動をする」「人から関わられた時の対応が場にあっていない」「要求がある時だけ自分から人に関わる」「言われたことを場面に応じて理解するのが難しい」「大勢の会話では，誰が誰に話しているのかがわからない」「どのように，なぜ，といった説明ができない」「抑揚の乏しい不自然な話し方をする」「人の気持ちや意図がわからない」「冗談や皮肉がわからず，文字通り受け取る」「地名や駅名など，特定のテーマに関する知識獲得に没頭する」である。

　幼児期，現在時点の各々について，一定の評価点を越えた場合にPDDが強く示唆されることになる。

3 ◆ 自閉症の治療とは

　自閉症の本態はまだ十分にわかっていないため，本質的な治療法はない。現時点においては，自閉症は一つの特性であり，そのものをなくす必要はない。仮に自閉症の不適応を減らすことにより，自閉症の特性までなくしてしまうのであれば，すばらしい研究業績や偉大な芸術作品も生まれなく可能性がある。しかし，自閉症の特性のゆえに，社会生活上の不適応を引き起こすとすれば，その不適応を減らすことは必要なことである。

　私が勤務する医療機関でも，就学前であれば療育が中心となり，TEACCH，

ABA，行動療法などを組み合わせて，デイケアなどでいくつかのプログラムが行われている。学童期であれば，SST 的なプログラムが用意されている。

精神科で行われる薬物治療は中心となる治療法とはならない。これまでも，いくつかの抗精神病薬，神経伝達物質の前駆体，神経伝達物質の補酵素などが治療薬として治験対象となったが，有効性は確認できなかった。現在，米国の食品医薬品局（FDA）は小児自閉症の乱暴，暴力に対してアリピプラゾール（Ⓡエビリファイ），リスペリドン（Ⓡリスパダール）の使用が認められている。国内でも，この 2 剤についての，小児自閉症の乱暴，攻撃性に対しての治験が進行中である。

自閉症本態への治療は行われていないが，自閉症から生じる二次症状，二次的症状に対しては薬物治療が行われることがある。高機能の自閉症者が思春期以降に呈する妄想・幻覚様状態に対して，少量の抗精神病薬が使用されるし，気分変動については，気分安定薬が使用される。思春期は統合失調症や気分障害が始まる年齢でもあり，他の精神疾患の始まりと誤解され，多量の抗精神病薬や気分安定薬が使用される可能性がある。低年齢の様子を調べ自閉症の存在を確認し，処方を行う必要がある。

臨床場面で出会う自閉症児は，必ずしも自閉症の症状だけとは限らない。ADHD の症状や LD などの症状も併せもっていることが多い。最近の DSM-5 では，二つ以上の疾患の併記が可能であり，仮に自閉症と ADHD が併記される場合は，ADHD 治療薬が使用されることもある。現在，発達障害に公式に認可されている向精神薬は，メチルフェニデート徐放薬（Ⓡコンサータ）とアトモキセチン（Ⓡストラテラ）だけである。ADHD 的側面だけでも改善されることで，自己イメージがよくなり，自己不全感や劣等感が回復する契機になることもある。

〈市川　宏伸〉

③ 診断基準

　以前は精神科の診断は，著明な研究者の報告を基にして決めていた。異なった研究者の報告を基に疾患について検討すると，まったく違う前提で話し合うことになり，共通性がなく，論議がうまく進まないという状況があった。このような状況下で，「だれもが前提を同じくして，使用できる一貫性ある診断名をつくる」という目的でつくられたのが操作的診断基準であった。出現してきた症状がいくつ認められるかで，診断名を決めようとする，共通性のある基準であった。この診断基準が使用されるようになって，精神科に限らず，小児科や内科の先生方とも，共通の前提で精神的疾患を論議できるようになった。一方で，現在の症状を基に論ずるため，横断面に基づいており，これまでの経過・背景を中心に縦断的に論ずる伝統的診断のよさが失われたとの指摘もある。国内の精神科医療機関の多くでは，二つの操作的診断基準が使用されている。

1 ◆ 操作的診断基準

　この分野で世界的に使用されている操作的診断基準は，世界保健機関（WHO）により作成されている，ICD（国際疾病分類：International Classification of Diseases）と米国精神医学会より作成されているDSM（診断と分類の手引き：Diagnostic and Statistical Manual）とがある。前者は，全科の診断基準があり，その一つとして精神科はFコードに含まれている。歴史的には死因統計を目的に，欧州を中心に使われており，現在第10改訂版が使用されている。後者は米国を中心に使用されており，第5改訂版が2013年5月に発表された。これらの診断基準は，より現状に基づく適切なものとするため，10～20年ごとに改訂が行われており，世界的な専門家が話し合って，新たな基準が決められている。公表されたDSM-5の邦訳の作業は，従来翻訳者により行われていたが，今回は日本精神神経学会の中に病名検討委員会が設置され，和名をどうするかについて，傘下の各学会からの意見を求めた。発達障害に関する疾患名については，児童青年精神医学会が担当となり，小児科関連学会の意見も参照して検討された。児童青年精神医学会では，「障害という単語は偏見（stigma）につながりやすい」という意見があり，「症」への変更が提案された

が，他の診断カテゴリーとの関係で症／障害の併記が原則となった。今回出版されたDSMは19年ぶりの改訂であり，慣れ親しんだ疾患名がなくなったり，疾患名は同じでも内容が変わったり，別のカテゴリー（大分類）に移ったりした疾患もある。なお，ICD-11については，現在検討が行われており，2016年に改訂版が出される予定である。この際にはDSM-5との齟齬が少ないようにするという方向性が伝えられている。

2 ◆ DSM-5について

DSMは1951年から公刊されている診断基準であり，約10〜20年ごとに新しい版が出ている。この間に部分改訂版（R：revised edition）が出されている。今回のDSM-5になって，これまであった多軸評定がなくなった。多軸評定ではⅠ軸が臨床疾患（状態），Ⅱ軸がパーソナリティ障害及び精神遅滞，Ⅲ軸が一般身体疾患，Ⅳ軸が心理社会的及び環境問題，Ⅴ軸が機能の全体的評価（GAF：Global Assessment of Functioning）となっていた。今回の改訂で，Ⅰ軸だけになり，ICDと同じく，臨床診断名だけの基準となった。この結果，Ⅱ軸に分類されていた精神遅滞は，知的能力障害群として自閉スペクトラム症，注意欠如多動症，限局性学習障害などと同カテゴリーに分類された。また，知的能力障害，自閉スペクトラム症，注意欠如多動症，限局性の学習障害，運動障害などでは，「現在の重篤度」を記すことになっている。さらに，「該当すれば特定せよ」として，但し書きが付けられるようになった。

発達障害とされる診断は，DSM-Ⅳ-TRまで，「通常，幼児期，小児期，あるいは思春期に発症する障害」という大分類に入っていた。DSM-5になって，「神経発達症群」という大分類に入った。発達障害に関連する診断名の変遷を精神遅滞を例に取ると，DSM-Ⅲ，DSM-Ⅲ-R，DSM-Ⅳでは「精神遅滞（Mental Retardation）」と呼ばれていたが，DSM-5では「知的発達症（Intellectual Developmental Disorder）」となった。同時にIQの数値は診断にはかかわらないことになった。同様に，これまでPDDとされていたものは自閉スペクトラム症に，ADHD（注意欠如多動症）は名称に変わりなく，内容に多少の変更があった。LD（学習障害）は「限局性の学習障害」と名称が変わるが，大きな変化はなさそうである。これまで独立して存在していたチック症群は，発達性協調運動障害，常同運動障害などとともに，「運動症群」という診断に

含まれることになった。

3・DSM-5と神経発達症群について

　発達障害（Developmental Disorders）という概念は，1987年に公刊されたDSM-Ⅲ-Rの中にあった。この際の具体的疾患には，精神遅滞，広汎性発達障害，特異的学習障害が含まれている。注意欠如多動性障害は，その時点で器質的障害という考え方が強く，発達障害に含まれなかったと思われる。DSM-5の神経発達症群（Neurodevelopmental Disorders）はこれに比べるとはるかに広い概念である（表1参照）。

表1　DSM-Ⅳ-TRとDSM-5

1	精神遅滞	1	知的障害
2	学習障害	2	特定の学習障害
3	運動能力障害	3	運動障害　チック障害
4	コミュニケーション障害	4	コミュニケーション症
5	広汎性発達障害	5	自閉スペクトラム症
6	注意欠如および破壊的行動障害	6	注意欠如多動性障害
7	幼児期または小児期早期の哺育・摂食障害		→哺育と摂食の障害
8	チック障害		→3　運動障害へ
9	排泄障害		→排泄障害
10	幼児期，小児期，または他の障害		→別項へ（一部3へ）

〔1〕知的能力障害群（Intellectual Disabilities）（知的発達症：Intellectual Developmental Disorder）

　前述したように精神遅滞から名称が変わっている。これまではⅡ軸に評定されていたが，今回からⅠ軸評定となっている。評定基準も，A：平均以下の知能（IQ70以下），B：適応機能の欠陥または不全，C：18歳未満に生じる，がこれまでの条件であったが，DSM-5では知的能力障害となり，A：さまざ

まな面での知的機能の欠陥，B：適応機能の欠陥，C：発達段階に生じる，と変わった。これまでどおり，IQ（知能指数），社会適応度，発症年齢が定められているが，IQ についてはこれまでの数値の重視から重篤度分類に変わっている。軽度，中等度，重度，最重度に分かれているが，IQ の数値は付けられていない。また，「全般的な発達の遅れ」という分類が設けられ，「5 歳未満で発達指標の遅れがあるもの」とされた。心理検査が難しい年齢を考慮したと思われる。

〔2〕自閉スペクトラム症（ASD：Autism Spectrum Disorder）

　DSM-5 は 1994 年の広汎性発達障害（DSM‐Ⅳ）の後継診断であるが，これまでと名称も内容も大きく異なっている（図 1，2 参照）。これまでは広汎性発達障害という大きな枠を決め，その中に狭い自閉性障害を設定して，これの不全型として，アスペルガー障害，他に分類できない広汎性発達障害（非定型自閉症を含む）などを決めていた。DSM-Ⅳが公刊された際に，この診断基準では，「自閉性障害よりも不全型のほうがはるかに多い。本来の診断よりも不全型のほうが多い診断はおかしいのではないか？」という批判があった。DSM-5 では，自閉スペクトラム症（ASD）という大きな枠を決め，下位の細かい診断分類は設けていない。一方で，「特定せよ（specify if）」を設けてあるのは，以上のような批判に応えたのかもしれない。レット障害については遺伝子の座も解明され，今後は身体疾患の分類が中心になると思われる。小児期崩壊性障害については，一時期自閉症の「折れ線型」との関連が注目されたが，診断基準を満たす典型例が少ないことから，今後は ASD に包含される方向と思われる。

　DSM-Ⅳでは，診断基準の内容については，3 歳以前に始まる以下の少なくとも一つの異常，①対人的相互作用，②対人的意思伝達のための言語，③象徴的または創造的遊び，があれば広汎性発達障害としていた。これまで A：対人関係の質的障害，B：意思伝達の質的障害，C：独特の思考・行動様式，各々 4 項目を設定し，これら 12 項目中 6 項目を満たし，少なくとも A の 2 項目，B，C は 1 項目満たすことで自閉性障害とした。A，C を満たす場合はアスペルガー障害，発症年齢が遅い，症状が非定型，閾値に達しない場合には他に分類できない広汎性発達障害とされていた。

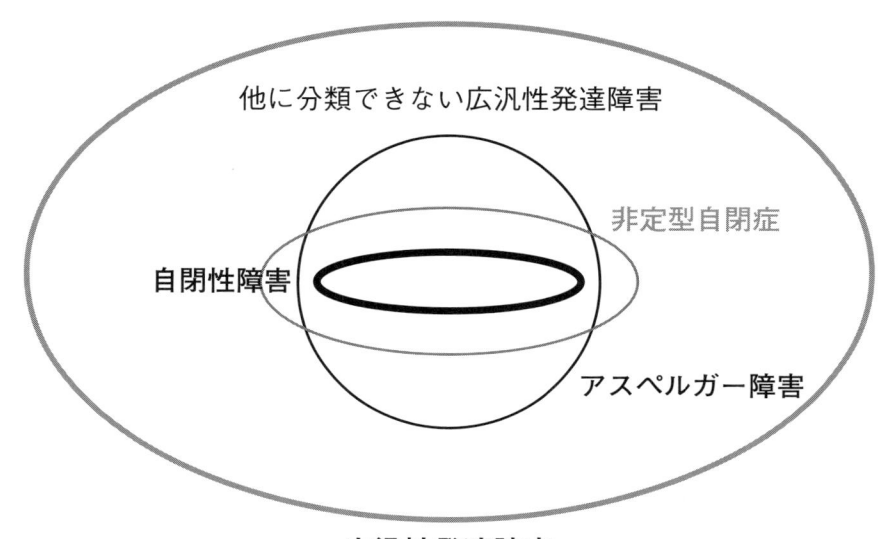

他に分類できない広汎性発達障害

非定型自閉症

自閉性障害

アスペルガー障害

広汎性発達障害

図1　PDDとASD（1）

特定せよ：
・知的障害の有無
・言語障害の有無
・既知の医療，遺伝，環境因との関連
・他の神経発達的，精神的，行動上の障害
・カタトニアの存在

自閉スペクトラム症／障害

図2　PDDとASD（2）

DSM-5では，ASDとしてA：社会的コミュニケーション及び社会的相互性の3項目を設け，すべて満たすことを条件とした。「相互の対人的・情緒的関係の欠陥」「対人的相互反応で非言語的コミュニケーション行動を用いることの欠陥」「人間関係を発展させ，維持し，それを理解することの欠陥」である。B：行動，興味，または活動性の限定された反復的な様式で，現在あるいは病歴によって，以下の少なくとも二つで明らかになることを条件とした。

　「常同的または反復的な身体の運動，物の使用，または会話」「同一性への固執，習慣への頑ななこだわり，または言語的，非言語的な儀式的行動様式」「強度または対象において異常なほど，極めて限定され執着する興味」「感覚刺激に対する過敏さまたは鈍感さ，または環境の感覚的側面に対する並外れた興味」のうち2項目である。感覚入力については，DSM-Ⅳまでは診断基準には取り上げられていなかったものである。さらに，C：幼児期に発症すること，D：臨床的に明らかな障害を生じていること，E：知的発達症，全般的な発達の遅れ，では説明されないことが付け加えられている。また知的発達症とASDは同時に起こりやすいことも指摘されている。注意として，「DSM-Ⅳで自閉性障害，アスペルガー障害，PDD-NOSと診断できる場合は，自閉スペクトラム症と診断されるべきである」としてある。また3段階に分けた重症度を特定することになっている。

　今回の改訂で，前述したようにすべて診断名はASDとなり，「3歳までには」が「幼児期に」に変更され，診断基準に言語の存在の有無がなくなり，新たに感覚の特別性が加えられた。またDSM-Ⅳでは認められていなかった，ADHDとの併記が認められた。他の診断と同様に「該当すれば特定せよ」があり，①知的障害の有無，②言語障害の有無，③既知の医療，遺伝，環境因との関連，④他の神経発達的，精神的，行動上の障害，⑤カタトニアの存在，などが挙げられている（カタトニアとは，統合失調症に用いる症状であり，混迷，カタレプシー，蝋屈，緘黙，拒絶，姿勢保持，わざとらしさ，常同，外的刺激に依らない興奮，反響語，反響動作，しかめ面などから三つ以上存在する際に呼ぶ）。

〈市川　宏伸〉

― Column ―

コンサルテーションのアドバイス

　巡回相談等で専門職からのコンサルテーションを受ける場合が増えている。特別支援学校，特別支援学級などの教師であること自体，専門性が求められているので，専門家からのアドバイスを受けるというスタンスではなく，現場での実践者としての教師と外部での実践者としての専門職との共同作業ととらえて臨むべきである。外部で実践している専門職は，その領域ではより深い知識やより豊富な経験を有している。それに加えて，外部からの異なった視点や発想による提案を行うことができる。

　まず，事前に資料を作成する必要がある。個別の指導計画が用意される場合が多いが，それに加えて，ごく最近の様子をまとめたもの，それに対する担任としての配慮事項とその結果をまとめておくと，その後の参観や協議の際にわかりやすい。また協議してもらいたい事項についてまとめておくことも重要である。自分自身が協議に臨むに当たってのポイントを整理することができるとともに，当日はその問題点を頭に入れた授業を展開することができるからである。

　次に授業を参観してもらうが，ほとんどの場合，参観者の目を意識していつもの行動とは異なることが予想される。したがって，予想される行動と普段の様子も資料としてまとめてあると，参観する際に理解しやすい。当然，対象児童生徒の席の位置の根拠，他の児童生徒との関係，教室環境と配慮事項，クラスの雰囲気とクラスでの評価などもまとめておく必要がある。また前回の協議内容，それを受けて実施・改善した内容とその結果，今後の方針等についても言及した資料があると協議が充実する。

　最後に協議を行うが，ハウツーを求めたり，ただ助言をもらおうとしたりするのではなく，担任としての考えを明確に表明し，児童生徒の理解を深め，実践に当たっての基本姿勢を確認するなどの態度が重要である。

〈伊藤　英夫〉

④ 教育・支援の基本的な考え方

　今日，自閉症を取り巻く状況には，DSM-5等の新たな診断基準，自閉症の児童生徒数の増加，障害者権利条約やインクルーシブ教育システムの構築など様々な変化がある。自閉症の教育・支援は様々な取組がされてきたが，変化に応じた改善・充実が求められている。自閉症の教育・支援として，どのような視点をもって，何を，どのように教育・支援するかについて取り上げる。自閉症の児童生徒と家族の抱えている困難や願いを理解し，一人一人の教育的ニーズや特性に配慮し，可能性を伸ばす視点をもった取組が必要である。また，地域生活や将来の生活を見据えた視点やインクルーシブ教育システムの構築に向けて，共に生きる視点をもった取組が必要である。

1 ● 自閉症の本人や家族の抱えてきた困難と願いを理解した教育・支援

〔1〕自閉症のある人の「生きづらさ」の理解

　自閉症は人とのコミュニケーションに困難があり，周囲の人と協調して活動することも苦手で，行動障害や感覚過敏もあり環境になじめないところがある。学校や地域社会への適応等において困難が生じ「生きづらさ」を抱えることになる。また，自閉症は見えない障害であり，周囲の人々の自閉症の理解が難しく，誤解されるなどさらなる「生きづらさ」がある。地域で当たり前に暮らせるよう「生きづらさ」を理解した教育・支援の取組が重要である。

〔2〕自閉症のある人にとっての教育・支援の展開

　自閉症の教育・支援は原因や障害理解が不十分で制度上の遅れもあった。自閉症のある人々と家族に様々な困難があった歴史的な経過を理解して取り組むことが大切である。自閉症の原因の定説は，かつては親の育て方とする心因論とされ多くの誤解を招いてきたが，今では脳の機能障害となっている。また，自閉症の教育はこれまで情緒障害あるいは知的障害の中に含まれた形で行われてきた。親が中心となり設立された日本自閉症協会等は，学校教育法等に自閉症者の位置付けの明確化など教育的な支援の制度・体制化を要望してきたが，未だ実現はしていない状態である。これらの経過や現状を理解し，自閉症にとって望ましい教育・支援を検討し展開していくことが大切である。

2 ◆ 一人一人の教育的ニーズに基づく教育・支援

〔1〕一人一人のニーズの重視と本人らしさの尊重

　一人一人の自閉症のある児童生徒が「その人らしく」成長し，地域の中で「その人らしく」暮らしていくために，一人一人のニーズと本人らしさを尊重した教育・支援が必要である。自閉症が困難を抱えていても，多様な支援の活用や環境が調整されることで本人が生かされる場面は多くつくり出せるものである。本人の尊重とは，コミュケーションが独特でも意思表示や選択の機会の保障，また，一人一人のライフスタイルの重視を図ることである。多様なニーズに対して個別の指導計画や個別の教育支援計画を機能させていく必要がある。

〔2〕自閉症の個人差への着目と多様なアプローチからの取組

　自閉症の場合，コミュニケーション等の障害特性の状態，発達の状態には個人差が大きく，知的な遅れを伴っている自閉症から知的な遅れを伴っていない自閉症まで一人一人の発達を踏まえた教育・支援が必要である。様々な専門的なアプローチがあるが，個人のニーズや適時性等に応じて選択され活用され，学校生活の中で変容を見極めていくことも留意する必要がある。

〔3〕自閉症と知的障害の違いへの配慮と特性を生かす取組

　これまでの制度の下では，自閉症の児童生徒の教育は知的障害等の教育の中で行われてきた。知的障害と自閉症の違いや共通することを認識し，それぞれを生かす教育・支援が必要である。知的障害は，知的機能と適応機能に制約があり，バランスの取れた全体的な遅れがある。抽象的な概念形成は困難があるものの経験を繰り返すことで学習したことを生活で活用でき，具体的な内容から全体を理解することもできる。イメージを伴う活動や経験を生かす活動について学習を予想し期待感を抱ける動機付けができる。一方，自閉症は，定型発達と異なり，全体的な発達の遅れよりアンバランスな認知的発達がある。抽象的な概念形成は同様に困難さがあるが，自閉症は経験を重ねても学習したことを生活に般化することが困難である。また，刺激の過剰選択性があり複数の情報の処理が困難で，いろいろな情報から全体像をつかむことも苦手である。想像や雰囲気よりも明確な判断ができる視覚情報等のほうが得意であり，情報の同時的処理よりも継次的処理のほうが得意である。これらの特徴に着目し，知的障害，自閉症それぞれの特性を生かし可能性を伸ばすことが必要である。

3 ◆ 自閉症の特性に配慮した教育・支援

　自閉症のコミュニケーションの質的な障害，社会的相互交渉の質的な障害，想像力の障害の特性を中心に，認知の偏り，感覚の異常，行動障害，般化などについての指導・支援を取り上げる。障害特性の現れ方には個人差があり，それぞれに指導・支援の計画，内容，方法等の工夫や配慮が必要である。

〔1〕コミュニケーションの質的な障害に応じた指導・支援

　自閉症には言葉の話せない児童生徒も多く，また話せる場合でも表現の仕方，表情や視線，態度等の使い方が独特である。音声言語の獲得が困難な場合は，例えば，補助代替コミュニケーション手段を活用する指導を図ることがある。音声言語が使える場合でもエコラリアの修正方法や要求表現のために機会利用型指導法等による指導を図ることがある。理解では，具体的で視覚的にわかりやすい情報提供や情報の整理が必要である。視覚的な支援ツールを本人が活用するには補助的な支援の状態もあるが，段階的に教えていくことが必要である。コミュニケーションは対人関係の基礎となることから，一人一人に応じたコミュニケーション手段の獲得と本人がもっている手段を使って自発的にかかわろうとする気持ちを育てる「やりとり関係」の経験の積み重ねが大切である。

〔2〕社会的相互交渉の質的な障害に応じた指導・支援

　自閉症の社会的相互交渉については，四つのタイプとして，孤立群，受容群，積極・奇異群，形式ばった大仰な群，に分けられる現れ方がある。人とのかかわり方が独特であることを考慮し指導・支援する必要がある。視線を合わせない，相手に対する注目・関心や共感性が乏しい，集団参加がうまくできないなどがあり，社会生活の困難さに関係している。自分や他者の理解，人からの期待の理解，人をモデルにした行動，状況に応じた行動，因果関係の理解，ルールやマナーの理解，役割に応じた行動ができることなどの指導・支援が必要である。一人一人の社会性の困難に応じて対人関係の学習やソーシャルスキルの学習の内容を設定し，相互に関連性をもたせて指導・支援していく必要がある。

〔3〕想像力の障害に応じた指導・支援

　自閉症には，目に見えないものについて考える，経験したことから次の活動を予想する，いくつかの情報から学習や活動の展開を予想する，経験したことを人と共有する等が困難である。いずれも想像力の困難に関係することである。

見通しがもちにくく予想外の変化に対応できないため，学校の行事や授業で混乱する場合もある。いつも同じ状態へのこだわりは予想が困難で不安になるためで，見通しがもてるように手掛かりや視覚的支援の提示を図る。また，活動をパターン化した学習や具体的で実際的な学習の設定に配慮する必要がある。

〔4〕感覚異常に対する指導・支援

自閉症には周囲には理解しにくい視覚，聴覚，触覚，嗅覚，味覚，痛覚，前庭感覚などの情報の処理の困難さを抱えている場合がある。個人ごとに過敏性が異なるため，配慮が不十分であるとストレスや不安につながっていく場合もある。食事では偏食とは異なる味覚の過敏性，音楽や放送等では聴覚の過敏性，また，光や色等の環境の変化に対する過敏性もあり，十分な配慮が必要である。

〔5〕行動上の困難に対する指導・支援

自閉症の児童生徒には幼児期から多動，自傷行為，他害行為等が激しい場合も少なくない。その行動の背景，理由等の理解のために行動の水面下に隠れた部分を見る「氷山モデル」という考え方がある。背景を障害特性の要因（情報処理の困難さ，感覚過敏等）と環境要因（状況，周囲の刺激や対応等）の両方の要因から検討することである。また，行動がコミュニケーションの機能となっている場合もある。機能としては，注目，逃避，要求，感覚強化であり，不適切な行動がコミュニケーションの働きを果たしている場合もある。適切な行動を指導することと併せて適切なコミュニケーションの方法の指導が必要である。

〔6〕認知の障害に対する指導・支援

自閉症の認知特性として，刺激の過剰選択性により必要な情報を得られにくい，シングルフォーカスにより理解が困難である，イメージを伴う事柄や抽象的な概念の理解が難しいなどがあり，特性に応じた指導・支援が必要である。認知特性の独特な面の配慮も必要であるが，得意な面に着目することも大切である。弁別学習やマッチング，分類等や情報の継次的処理が得意なところを生かし可能性を広げ，個々の課題学習から様々な領域に広げていくようにする。

〔7〕般化の困難さに対する指導・支援

自閉症の児童生徒にとって教育場面で困難となることに学習や経験の般化の困難さがある。学校で学習した知識や経験等を環境が異なる家庭や地域等で発揮できない，また，その逆もあり，学習や経験の積み重ねが難しい状態が生じ

る。般化の困難さは，場所・場面の違い，人の違い，物の違い等によって生じており，個人の実態や状況に応じた指導・支援が必要となってくる。場所・場面の般化には類似した場面での学習や判断の手掛かりなどの学習を指導の計画段階から組み込み，般化の困難さを考慮した指導・支援を図る必要がある。

4 ◆ 家庭，地域の生活及び将来の生活につながる教育・支援

　自閉症においては，長期的な視点と移行の視点をもって各ライフステージの中心的な課題を押さえ，個人に応じた指導・支援が必要である。学習や経験の般化の困難から，環境が変化するごとに適応する課題に直面し，その対応が必要となる。

　小学生段階の低学年では，対人関係の基礎となる人との「やりとり関係」やわかりやすい環境，学習態勢づくりを重視し，コミュニケーションの方法や基礎的な認知学習を中心として身辺自立，余暇活動等のスキルの獲得を図る。課題となる集団参加では多様なアプローチを図る。高学年では，認知学習や視覚的支援ツールの生活場面での活用や集団の一員としての役割の経験等が大切である。中学生段階では，思春期の変化，生活技能，知識の拡大が課題となるが，家庭，地域生活に役立つスキル，職業前スキル，得意分野のスキルの獲得等が生活の広がりと自信につながる。特定環境でのスケジュール，選択の機会・自己決定の機会も確保していく必要がある。高校生段階では，地域生活への参加，就労等への準備が課題となるが，生活年齢相応の日常生活スキル，就労，職業前スキル，レジャースキルの取組が必要となる。将来のライフプラン（家庭，学校，地域，職場）を立ていくことも大切である。具体的な地域資源の活用，進路先の移行に必要な本人と環境の配慮のための情報整理が重要である。各段階では達成感や有用感をもてて自尊心を養えるようにすることが大切である。

5 ◆ 自閉症に応じた教育・支援の実践のために

　自閉症の教育・支援については，これまで学級，学校や様々な機関で研究や実践がなされ成果がもたらされてきた。より充実を図るために，学校の教育として自閉症に特化した教育を全体として整えていく必要がある。指導計画や指導内容として，般化の困難さを考慮して生活場面を想定した学校，家庭，地域及び職業生活に整理して知識，技能等の学習を図り，学習の定着のために指導内容の工夫と指導期間の設定等の整理が必要である。また，指導方法として，

段階的なスモールステップによる指導，援助の程度を増減することによる指導，活動の繰り返しによる指導，様々なバリエーションによる指導等の中から課題や個に応じてどのように選択すべきか整理する必要がある。また，より専門的な指導方法として，応用行動分析や認知発達のアプローチ，TEACCHプログラム等の活用の仕方を検討し整理する必要がある。

　指導方法や指導場面の環境に関して有効な方法の一つとして，TEACCHプログラムの構造化がある。自閉症のある人は情報の取り方等に困難があるため，今何をするべきか，次にどうなるのか，活動の流れや生活の仕方などをわかりやすくすることで，学習に集中し安心して生活ができるようになる。この支援が構造化である。自閉症のある人が学習や活動するための情報として，どこで，いつ，何を，どのくらい・いつまで，どのようなやり方で，終了を理解し次に何をすればいいのか，これら六つの情報が挙げられる。構造化の技法として，物理的構造化，スケジュール，ワークシステム，決まった手順や習慣，視覚的構造化があり，これらについてその人に合う方法を吟味して構造化することである。留意点として，構造化として一律に仕切りやスケジュールを配置するのではなく，個別に対応を考え調整を図り，課題学習等において達成感がもてるようにするとともに，生活の課題につなげ生活を広げていくことが大切である。

6 ◆ インクルーシブ教育システムの構築と今後の自閉症の教育・支援の課題

　障害者の権利条約の批准に伴い，インクルーシブ教育の推進は一段と図られると考える。自閉症の児童生徒の基礎的環境整備や合理的配慮は学校生活や地域生活に変化をもたらすことが期待される。通常の学級の児童生徒にはお互いの特性を知り認め合う機会にもなり，教職員をはじめ保護者，地域の人々が障害特性についても誤解のない理解が図られる機会となることが期待される。また，自閉症の児童生徒にとっては，授業等への参加ための支援やコミュニケーションの支援ツールの開発・活用の機会が期待される。従前の自閉症の教育とは異なる取組が自閉症のある人々の生きづらさを減らしていくことになる。

　自閉症にとって社会参加，社会的自立のための教育・支援が整えられるのか，問われている。今後，一人一人のニーズに応じた教育の充実を図りながら自閉症としての教育を創り出していく段階への進展が期待される。　〈三苫由紀雄〉

= Column =

AAC（補助・代替コミュニケーション）

　AAC（補助・代替コミュニケーション）とは，何らかの理由により音声言語で喋ることができない人が，音声言語以外の手段で他者とコミュニケーションすることを言う。AACはかなり広い概念で，手話や簡単な身振り・サイン，トイレのマークなどの図形シンボルや写真，電子機器で音声を出力できるVOCA（会話エイド）などまで手段は多様であり，対象者も声帯除去手術を受けた人から，麻痺があって喋れない人，知的障害児・者や自閉症児・者まで広範囲である。

　自閉症児は，会社のロゴマークが好きなどの視覚優位タイプの子供が多いので，図形シンボルを用いるのが効果的な場合が多い。特に音声言語の理解が悪い場合でも，指示理解のためにAACを活用できる場合がある。言語理解がほとんどないと思われている自閉症児でも，教師が図形シンボルを指さしすることで指示理解できるようになる場合がある。指示が図形シンボルを通して理解できるようになると，自発的に自分の要求などを図形シンボルで示すことが可能となり，教師と自閉症児の間で双方向使用も可能となる。教室内ではその日のスケジュール，着替えなど日常ルーティンの手順，調理実習など特別な活動の手順などを図形シンボルで示すと，課題の内容や手順が理解しやすく，自立した行動にもつながりやすい。また指示が理解できないことから来る不安も軽減でき，パニックも減少することが知られている。

　これまでは教師が出す指示は，子供が理解できるかできないかを考慮せず，一律に音声言語で済ます傾向があったが，本来一人一人に応じたコミュニケーションを行う必要がある。また，図形シンボルによる選択を授業に積極的に取り入れることにより，自己決定が可能となり，子供自身が選択することで授業に積極的に参加でき，教育の質を高めることが可能となる。

〈伊藤　英夫〉

5 激しい行動障害のある児童生徒（強度行動障害）の教育・支援

1 ◆ 強度行動障害の教育・支援の改善に向けて

　インクルーシブ教育システムの構築を図っていく今日，知的障害や自閉症の障害と同様に，強度行動障害と呼ばれている状態の児童生徒への基礎的環境整備や合理的配慮を検討する必要が出てきている。これまで，特別支援学級や特別支援学校において激しい行動障害のある自閉症や重い知的障害のある児童生徒への教育・支援は，多くの場合，担任をはじめ学校の教職員と保護者，また，医療，福祉の関係機関とが連携して個々の対応や支援の取組がなされてきた。各施設等，福祉機関においては，強度行動障害の支援は組織的な対応が図られてきた。今日，教育機関においても同様に一層，組織的な対応を図る必要がある。

　強度行動障害とは何か，なぜ強度行動障害となってしまうのか，その原因はどのようなものか，激しい行動障害の低減のためには何が必要か，環境はどのように影響するのか，また，どのような支援があるのかなど，これらのことについて情報を共有し体制を整える必要がある。

　2013年度から厚生労働省は，強度行動障害のある人に対して適切な支援ができるように「強度行動障害支援者養成研修」の実施を始めた。長年の支援の蓄積や調査結果から，適切な支援があれば強度行動障害が低減することが明らかになってきている。全国的な教育上の課題として，行動障害という困難に直面している児童生徒に適切な教育と支援が図られように，組織的，計画的に改善を図る必要がある。

2 ◆ 強度行動障害とは

　強度行動障害とは，医学による診断から定義されるものでなく，福祉の立場からの行政概念であり状態を示したものである。「強度行動障害」という用語は，行動障害児（者）研究会の「強度行動障害児（者）の行動改善および処遇のあり方に関する研究」の報告書（1989年）で使われたものである。「精神科的な診断として定義される群とは異なり，直接的他害（噛み付き，頭突き等）や，

間接的他害（睡眠の乱れ，同一性の保持等），自傷行為等が通常考えられない頻度と形式で出現し，その養育環境では著しく処遇の困難な者であり，行動的に定義される」とある。また，「家庭にあって通常の育て方をし，かなりの養育努力があっても著しい処遇困難が持続している状態」という但し書きも付されている。つまり，精神医学的な診断（例：精神遅滞，自閉症，統合失調症）とは別に，様々な養育上の努力はしていても，行動面の問題が継続している状態に対して付けられる呼称が「強度行動障害」であるということである。

厚生労働省は近年，強度行動障害について，「自分の体を叩いたり食べられないものを口に入れる，危険につながる飛び出しなど本人の健康を損ねる行動，他人を叩いたり物を壊す，大泣きが何時間も続くなど周囲の人のくらしに影響を及ぼす行動が，著しく高い頻度で起こるため，特別に配慮された支援が必要になっている状態のこと」と示しており，わかりやすい説明となっている。

強度行動障害への取組は，1950年代から始まり1990年代に多くの実践と研究の蓄積がなされた。強度行動障害の判定基準は，厚生労働省の施策と関連が深く，処遇の対象の判定に使われてきた。最近の判別基準は，「強度行動障害特別処遇加算費実施要綱」の中に「強度行動障害判定指針」として強度行動障害判定基準表が示されてある。

3 ◆ 学校における強度行動障害の実態

学校における強度行動障害の実態はまだ全国的な調査報告がない状態である。近年では，厚生労働省障害者総合福祉推進業「強度行動障害の評価基準調査についての報告書」（全日本手をつなぐ育成会，2012年）がある。

〔1〕強度行動障害の激しい時期

強度行動障害は，幼児期から激しい行動障害があったわけではなく，年齢を重ねるにつれて障害特性と環境要因との関係で生じて，中学生，高校生になって激しくなる場合が多いとされている。前掲の強度行動障害の評価基準調査についての報告書によると，養護者の調査ではあるが，「中学校及び高等学校（あるいは特別支援学校中等部及び高等部）に在籍している時期を挙げた養護者が最も多く，小学校前期・後期と比べて，中学校では3倍以上，高等学校では5倍以上となった」とされている。また，「中学生，高校生の時期に著しく，高等学校卒業後に改善した」とされている。

「強度行動障害判定指針」の強度行動障害判定表

行動障害の内容	行動障害の目安の例示
1　ひどく自分の体をたたいたり傷つけたりする等の行為	肉が見えたり，頭部が変形に至るような叩きをしたり，つめをはぐなど。
2　ひどくたたいたり蹴ったりする等の行為	噛みつき，蹴り，なぐり，髪ひき，頭突きなど，相手が怪我をしかねないような行動など。
3　激しいこだわり	強く指示しても，どうしても服を脱ぐとか，どうしても外出を拒みとおす，何百メートルも離れた場所に戻り取りにいく，などの行為で止めても止めきれないもの。
4　激しい器物破損	ガラス，家具，ドア，茶碗，椅子，眼鏡などをこわし，その結果危害が本人にもまわりにも大きいもの，服を何としてでも破ってしまうなど。
5　睡眠障害	昼夜が逆転してしまっている，ベッドについていられず人や物に危害を加えるなど。
6　食べられないものを口に入れたり，過食，反すう等の食事に関する行動	テーブルをひっくり返す，食器ごと投げるとか，椅子に座っていられず，皆と一緒に食事できない。便や釘・石などを食べ体に異状をきたしたことのある拒食，特定のものしか食べず体に異状をきたした偏食など。
7　排せつに関する強度の障害	便を手でこねたり，便を投げたり，便を壁面になすりつける。強迫的に排尿排便行動を繰り返すなど。
8　著しい多動	身体・生命の危険につながる飛び出しをする。目を離すと一時も座れず走り回る。ベランダの上など高く危険な所に上る。
9　通常と違う声を上げたり，大声を出す等の行動	たえられないような大声を出す。一度泣き始めると大泣きが何時間も続く。
10　パニックへの対応が困難	一度パニックが出ると，体力的にもとてもおさめられずつきあっていかれない状態を呈する。
11　他人に恐怖感を与える程度の粗暴な行為があり，対応が困難	日常生活のちょっとしたことを注意しても，爆発的な行動を呈し，かかわっている側が恐怖感を感じさせられるような状況がある。

〔2〕行動障害の状態

　自傷，他傷，多動などの行動障害の状態は学齢期の中でも変化が見られる。前掲の報告書には，各行動の状態が次のように示されている。「①自傷，他傷，物壊し，騒がしさ，粗暴さ，パニックは，年齢とともに増加し，特に思春期に急激に増加傾向を示し，高等学校卒業時点で低下している。②こだわり，排泄，食事は，幼児期に増加傾向があるが思春期にかけての急激な増加はみられず，高等学校卒業後に低下している。③多動は，幼児期をピークに加齢とともに減少している。④睡眠については，思春期に急激に見られ高等学校卒業後に低下している」。以上のように，行動ごとに状態の変化，傾向が見られるとしている。

　これらの結果を踏まえ，以下の考察がされている。「①自傷，他傷，物壊し，騒がしさ，粗暴さ，パニックは，周囲とのかかわりや対応によって学習してきた結果で，要求や注目，回避や拒否などのコミュニケーションの機能を有している。②こだわり，排泄，食事は，環境調整やスモールステップでの対応を早期に行うことが重要となる。③睡眠は，日中の余暇支援や環境調整等の予防的手立てが必要となる。④多動は，薬物療法や教育，加齢による減少など様々な要因が考えられる」。これらのことには，行動障害の重篤化を防ぐ観点の提起が含まれており，教育・支援の在り方を検討する上で参考になるものである。

4 ◆ 卒業後の生徒の変化と指導のポイント

　強度行動障害と呼ばれる状態の生徒の卒業後の様子はどのようなものか。前掲の報告書には，中学生，高校生の時期に行動障害が激しかった生徒が，卒業後の適切な支援で低減していくことが報告されている。また，各施設等からの事例報告としても行動障害が大幅に変容したケースが多く報告されている。

　社会福祉法人横浜やまびこの里において，行動障害の激しい生徒が通所において変化していく事例報告されている。通所2年目の知的障害を伴う自閉症で高等部在学中は他傷があった生徒が，通所先の支援の工夫により他傷が低減し，日課を理解し見通しをもって自立して活動に取り組んでいる事例報告がある。

　一方，入所施設における支援については，社会福祉法人北摂杉の子会萩の杜の事例報告がある。自閉症の利用者は予定確認が多く，説明の理解も難しいため自傷行為と他害行為等があった。理解しやすい写真で1日のスケジュールを作成し見通しをもてるように配慮し，ジェスチャーを使って簡潔に伝え，支援

員間で統一した対応をした結果,自傷行為等が減少していったとされている。
　これらの卒業後の各通所,入所施設等での取組に共通することは,障害特性への配慮と環境要因に対して支援の方法を見直していることである。
　長年の取組から強度行動障害への支援のスタンダードが明示されている。それは,国立重度知的障害者総合施設のぞみの園志賀利一研究部部長によると,「①構造化された環境の中で,②医療と連携をしながら,③リラックスできる強い刺激を避けた環境で,④一貫した対応のできるチームを作り,⑤自尊心を持ち一人でできる活動を増やし,⑥地域で継続的に生活できる体制づくりを進める」というもので,これらのことに関して教育場面に照らし合わせて考えていく必要がある。

5 ◆ 児童生徒が抱える困難さと行動障害の重篤化

　学校における教育・支援の在り方を考えていく上で,障害特性や環境との関係で行動障害が重篤になっていき,強度行動障害と呼ばれる状態になることを理解しておく必要がある。自閉症や重い知的障害がある場合,コミュニケーションの質的障害,社会的相互交渉の質的障害,また,想像力の障害や感覚の異常もある。指示されたことや状況の理解が困難で,わからない状態が続き,見通しがもてないことが積み重なっていく場合が多い。また,困っている状態を伝える手段ももっていないこともある。わからないことへの不安や感覚過敏で不快感が継続しストレスが蓄積し増幅していくことで,行動障害として現れてくる。さらに,周囲の人が不安や不快感に気付かず,伝えたいことを汲み取ることができない状態が続くと,人への不信感や嫌悪感が蓄積し,より激しい行動障害の状態が生じてくることになる。これが行動障害の重篤化の過程である。

6 ◆ 学校における教育・支援

　一つには,すでに強度行動障害と呼ばれている状態が継続している児童生徒の教育・支援がある。様々な要因が複雑になって重篤化し長期化している場合,福祉,医療機関等との連携を図りながら,学校生活における環境や対応の仕方等を見直し不信感を少しでも取り除く取組が必要である。卒業後に変容する場合も見られることから改善を図る方向で,学校生活について支援のスタンダードである六つのポイントを基本に教育・支援していくことが大切である。
　もう一つとして,行動障害が見られる児童生徒については,年齢とともに,

行動障害が重篤化しないような教育・支援を図ることが望まれる。障害特性に起因する本人の困難さと環境との相互作用の状態と，結果として生じてくる不安，ストレスについて，一人一人の実態に応じた教育・支援が求められる。

〔1〕年少の段階から取り組む必要がある教育・支援

① **行動障害の困難な状態にある児童生徒に寄り添う教育・支援**

行動障害による困難は周囲以上に本人が直面しているのであり，本人に寄り添い，背景を考え，特性の要因と環境の要因の検討が必要である。

② **わかりやすい環境設定やわかりやすい授業による教育・支援**

情報の取り方やコミュニケーションの困難さに対して，物理的，時間的，人的にわかりやすく整理する構造化のアイデアを活用する必要がある。特に，早期から一人で取り組み，一人で完了することができるように工夫された課題である自立課題を重視し，自尊心を育むことが大切である。また，授業に見通しがもてる支援ツールや始めと終わりが理解できる手立て等も大切である。

③ **コミュニケーションの質的障害の困難さに応じた教育・支援**

指示や状況，あるいは予定の変更等の理解のために，本人に具体物や絵，写真，ジェスチャー等によるコミュニケーションスキルの獲得を図り，また，意思表示のために音声が難しい場合，代替コミュニケーションスキルの獲得を図る。要求等，本人の表現を見逃さない対応が本人との信頼関係につながる。

④ **社会的相互交渉の質的障害の困難さに応じた教育・支援**

児童生徒と教員との一対一の人間関係を基盤として信頼関係を築き，また，本人が周囲から評価される経験の積み重ねが大切である。社会的相互作用自体が障害であることを踏まえ，集団活動の仕方には多様なアプローチが必要である。

⑤ **想像力の困難さに応じた教育・支援**

様々なイメージを伴った活動や経験を想起する活動，予想して見通しを立てる活動等が困難で，視覚支援や実際的で具体的な活動の設定が必要である。

⑥ **感覚異常のある困難さに応じた教育・支援**

音や光，味覚の刺激，人の刺激，物の刺激に対して細かく配慮することが本人との信頼関係にもつながる。別室での対応は疎外感への配慮が必要である。

〔2〕行動障害に対する教育・支援

　実際の行動障害が頻繁に起こる場合，行動観察により行動の現れ方，対応による変化等について記録を取り，対応の方法を見いだすことが必要である。ある自傷行為の例では，出現は，要求が伝わらない場合，叱責された場合，自分の行動が他人に干渉された場合，指示，意図，要求が理解できない場合，環境が変化した場合等が観察された。方法として，事前に予定の変更や環境の変化等は伝える，行動の機能分析をして要求等を異なる方法で伝えるように指導する，特別な手続きでの対応（分化強化等）を組み合わせ対応し効果を出した場合もあり，個々のケースでは環境調整とともに直接の対応も図る必要がある。

7 ◆ 今後の課題〜教育全体を見直すことから〜

　今後の課題は，知的障害の教育における自閉症の配慮から，自閉症の教育として教育環境を整える視点に立って，教育課程，教育内容，方法等に関して，これまでの教育や支援の在り方を見直すことにより，強度行動障害と呼ばれる状態の児童生徒へ適切な教育や支援を提供していくことである。

〈三苫由紀雄〉

〔参考文献〕
・強度行動障害支援者養成研修（基礎研修）プログラム作成委員『強度行動障害支援者養成研修【基礎研修】受講者用テキスト』国立重度知的障害者総合施設のぞみ園
・全日本手をつなぐ育成会著，発行『強度行動障害の評価基準等に関する調査について　報告書』2013年
・横浜やまびこの里『マンスリーやまた』神奈川県自閉症児・者親の会連合会
・日本自閉症協会編，発行『かがやき』10号（特集　強度行動障害への支援）

= Column =

ソーシャルスキル

　ソーシャルスキルとは，相川（1996）によれば，「対人場面において適切かつ効果的に反応するために用いられる言語的・非言語的な対人行動」と，「そのような対人行動の発現を可能にする認知過程」との両方を含む概念であるとされている。自閉症スペクトラム障害児におけるソーシャルスキルの特徴として，社会性の障害（場の雰囲気が読めない，暗黙の了解を理解できないなど），コミュニケーションの障害（コミュニケーションが一方的で相互的になりにくいなど），想像力の障害（見通しがもてないなど）が挙げられる。また，心の理論に障害があるということも指摘されている。相手の心の状態を推測し，行動を予測できることは，心の理論が機能しているためと考えられる。自閉症スペクトラム障害児では，心の理論課題の成績は，語い理解と相関するという報告も出されている。
　ソーシャルスキルを改善することを目的とした指導は，ソーシャルスキルトレーニングと呼ばれる。ソーシャルスキルを指導した上で，そのスキルを含む活動を行う指導や，日常生活の実際場面の中での自発的な行動を通して，必要なスキルの習得を図る指導を挙げることができる。
　ソーシャルスキルの習得を図る上で，相手の顔表情から情動的特徴を判断することが必要である。自閉症スペクトラム障害児では，対人場面でのトラブルに関連するネガティブな情動を，相手から読み取ることが難しいために，ソーシャルスキルの習得が困難になる事例がいることも指摘されている。このような事例では，相手の情動状態を読み取るトレーニングも大切な指導課題となる。

〈小池　敏英〉

・相川充・藤田正美「成人用ソーシャルスキル自己評定尺度の構成」，『東京学芸大学紀要　総合教育科学系』56，pp.87-93.

Chapter IV
早期からの教育的支援

1 幼児期段階の特性

1 ◆ 幼児期に特有な特徴

　診断基準の改定（DSM-5）により「症状は必ず幼児期に出現する。しかし，社会的要求が能力の限界を上回るまですべてが出現しないかもしれない」となった。自閉症スペクトラム（ASD）の診断名をもつ子供の増加は，明らかな特徴をもつカナータイプが減少したのではなく，診断基準に明確に合致した行動は示さないが，その疑いがある子供の多くが自閉症スペクトラムという診断に含まれるようになったからである。幼児期の集団での受入のよさと期待される年齢相応の行動の基準がゆるくなったため，ASDの特徴的な行動が幼児期に現れないことが多くなってきたと考えられる。それぞれの年齢で期待され必要とされる行動の基準が以前のように明確であれば，その年齢相応に準拠した行動が要求され，その要求に対して不適切と言われる行動が示される機会が多くなると，自閉症スペクトラムの行動特徴が明確になり，確固とした診断がなされる。その時期が幼児期から少しずつ学齢期にずれ込んできているように思われる。

　このような現状から考えると，いわゆる特徴的な行動や問題とされる行動が多い，つまりパフォーマンスが豊かなASD(積極奇異型)は，指導・支援の対象になりやすいし，これまで長年培われてきた自閉症に特化した個別化された課題設定に基づく具体的な行動形成・修正プログラムを中心とした指導・支援の方法が役立つ。しかし，特徴的な行動や問題とされる行動が顕著でない，つまりパフォーマンスが乏しいASD（孤立・受動型）は，指導・支援の対象になりにくく，一見おとなしく問題も示さず集団になじんでいるように見えるため，集団から抽出した個別指導の対象にもなりにくい。年々増加傾向にあるこのようなタイプのASDに対し，より多くの時間をかけ積極的に取り組まなければ，幼児期の6年間を相互交渉の少ない無駄な時間を過ごすことになってしまいかねない。年齢相応の集団への参加を保障することと同時に，一人一人の発達のニーズに応じた具体的で効果的な方法を見つけ出していかなければ，ことさら問題を学齢期以降に延期するだけで，根本的な解決には向かわないだろう。

幼児期であっても，限定された人との少ない相互交渉しかない環境においては，デジタルな情報への接近頻度が高くなり，継時的な情報処理能力が優位となる。継時的な情報処理能力の優位さは認知発達を押し上げ，対人関係の豊かさから押し上げられる社会性の発達を滞らせるという結果が示される。自閉症スペクトラムの特徴は，多かれ少なかれすべての人にあるのは言うまでもないことであるが，その特徴が顕著になり孤立傾向に向かうのか，少し豊かな人との関係が保持される方向に薄らいでいくのかは，個人を取り巻く人環境の豊かさ，つまり強い絆で結ばれた個人を取り巻く，諦めない責任のある周囲の人の存在にかかっている。

2 ◆ 特性に応じた指導の在り方

　問題とされる行動を示さない静かにしている子供，いつも動き回ってじっとしていることができない子供，両方とも見方を変えれば他者とのやりとりが皆無か極端に少ない状態であると言える。このような子供に対しては，積極的に周囲の状況に目を向けさせ，もっている力を発揮させ課題を完結させる機会が必要となる。感覚刺激に没頭していて大きな問題を示さない子供や，注意・集中が続かず動き回ってしまう子供に対して，年齢及び能力を基準とした課題の遂行を要求すると，課題への取組に困難を示すことが多く見られる。

　しかし，諦めずにいろいろな課題材料を用意して取り組ませると，特定の課題材料に注目することや特定の課題完結の仕方を気に入ったりすることが示される。そのような情報は，子供が何を好んで見ているのか，何を好んで聞いているのか，好んで見たり聞いたりした情報をどのように処理しているのかについて事実に基づいた分析を可能にする。

　このような分析から，具体的にどのようなものを媒介にしたら一緒にやり始められるのか，やり始めたことを続けていくために何が必要なのか，やり終えられる量はどれくらいかについて具体的な課題設定が可能になる。集団参加を保障することについては，保育所，幼稚園それぞれの運営方針により少し異なる部分はあるが，その受入体制は整いつつある。集団参加の可能性を高めるためには，一人一人のもっている能力や技術を具体的な課題要求に対して発揮させ，その課題を完結したという事実を残していくことが必要となる。

〈新井　利明〉

② アセスメント

1 ◆ 幼児期に必要なアセスメント

　幼児期で広く使われているアセスメントには，様々な機能発達が同年齢の子供の標準発達と比較して見ていく発達検査と，主に認知発達を見ていく知能検査とがある。

　自閉症スペクトラムのある子供の抱える困難性は，社会的コミュニケーション及び社会的相互関係を年齢相応に円滑に取ることの難しさと興味または活動が限定的で反復傾向が強いことにある。幼児期の ASD の子供を指導・支援する上で大切なことは，能力として，または技術としてすでに獲得していることでも，相手の要求に合わせて発揮することの困難性を理解することである。提示される材料の変化が大きく，応答の仕方を変えていかなければならない場合，ASD の子供は，まったく反応できなくなってしまうことが多い。標準化された検査などの生活年齢に準拠して抽出された項目を順番に試していくものでは，もっている能力を明確に把握することは難しい。質問に対して応答できないとき，応答の仕方を教えることで応答が可能になるのか，要求されたように作ることができないとき，作り方をモデルで示すことで完成させることが可能になるのか，それとも直接手を持って正しく作ることを経験させなければ行動の修正は難しいのかについて，より詳細な情報を同時に得るようにしていくことが重要である。

　幼児期は，一つ一つ明確な課題遂行を要求するよりは，言葉の説明やモデルなどを同時に提示することがスムーズな能力の発揮を可能にすると思われてきたが，ASD の子供は一つ一つ明確な要求に応えていくことのほうが容易である。そのため，同じやり方で達成可能な内容を達成不可能になるまで段階的に難易度を上げていくような課題設定のほうがもっている能力の上限を把握するのに役立つことが多い。

2 ◆ 幼児期に適したアセスメント

　幼児期によく使われる検査に，新版K式発達検査や田中ビネー検査がある。
　新版K式発達検査では，①姿勢・運動領域，②認知・適応領域，③言語・社

会領域の三つの領域に大別された0歳から14〜15歳級までののべ324項目の標準化された検査項目が用意されており，領域別に発達年齢と発達指数を求めることができる。

　田中ビネー知能検査では，発達援助の手掛かりとして2歳〜13歳までの子供の発達をとらえる尺度として精神年齢を算出することと精神年齢と生活年齢との比で求める知能指数（IQ）がアセスメントの指標として示される。

　このような標準化された発達検査や知能検査では，年齢相応の標準的な発達との差を見つけることは可能であるが，ASDの特徴を見つけ出すのには少し工夫が必要となる。その大きな理由は，ASDは全体的な遅れはなく，文脈に応じた社会的コミュニケーション及び社会的相互関係の持続的障害として定義されているからである。検査項目を検査の実施方法に準拠して実施することはとても大事なことである。しかし，それだけではASDの子供に新しい年齢相応の課題を達成させる手掛かりにはならない。

3 ◆ 幼児期の指導・支援とアセスメント

　アセスメントで示されたことは，これまでの生活経験の中で獲得しやすい領域と獲得しにくい領域があるということである。同じ文化の中で同じ年数の経験をしていても身に付きやすいことと身に付きにくいものがはっきりしているということである。自己の興味・関心が強く，周囲の影響を受けにくいと言われているが，それは同じ強さ，同じ量のモデルでは観察学習が成立しないということである。成立しない観察学習は何の結果ももたらさないので，これまでと違った強さや量のモデルに基づいた観察学習を考えていかなければならない。

　幼児期のASDの特徴は，いわゆる芽生え反応と言われる十分ではないがほどほどできていると判断されるものの少なさである。覚え切ったものやり切ったもののみが表現され，不十分ではあるが人に助けてもらいながらやり切ることができないところにある。有能な第三者と活動を共にしながら，一人では不可能だった活動が，少しずつ自力で可能になる過程として示される発達の最近接領域の考え方がなかなか通用しないところに，ASD特有の課題がある。一人一人の特徴・能力に応じて，集団対応で可能な部分と個別対応で可能な部分のバランスを考えた指導・支援プログラムを考えていかなければならない。

〈新井　利明〉

= Column =

セルフマネージメントスキル

　セルフマネージメントは「自己管理」とか「自律」と訳されることが多い。社会参加の上で重要なスキルの一つであるが，自閉症スペクトラム障害児にとっては，その学習から効果的な行使に至る全過程が苦手な領域と言える。ここでは，セルフマネージメントスキルを「自律的・主体的に行動し，自分自身を良好な状態でいろいろな場面へ参加させる力」ととらえ，二つの重要な構成要素から今後の指導・支援の在り方を考えてみたい。

　セルフマネージメントは，基盤となる「自己理解力（自分のことを知り自分をうまく扱える力）」と周囲の環境との交渉を必要とする「人間関係力（社会性・コミュニケーション能力）」の二つの構成要素で成り立っていると考えることができる。自閉症スペクトラム障害児教育においては，これまで「人間関係力」を重要なスキルととらえ，特に適応行動支援の分野では，SSTやスモールステップ等を用いた行動療法的アプローチが大きな成果を上げてきた。一方で，もう一つの構成要素である「自己理解力」は，自己準拠性の脆弱さが指摘されている自閉症スペクトラム障害児にとって最も苦手とする学習領域であり，指導・支援する側にとっても頭を悩ませている分野の一つである。

　社会全体がインクルージョンへと舵を切り，障害や支援に関するとらえ方も医療モデルから社会モデルへと移行しつつある現在，「自己理解力」は彼らの社会参加上必須の能力になりつつあると言える。それは，今後の自閉症スペクトラム障害児教育で，だれかの支援を受けずに社会参加する力の育成に加え，必要な支援を自ら要請できる力の醸成の支援が求められることを意味している。そして，その力が社会の中で効力をもつ——自閉症スペクトラム障害の人たちの幅広い社会参加の実現——よう，社会全体の障害理解と共生のための仕組みづくりが進められるよう努力を重ねていきたい。

〈森山　徹〉

3 指導計画

1 ◆ チームで理解するためのツール

　幼児期の指導計画[1]については，専門的な療育機関において作成する場合と幼稚園や保育所などで作成する場合，また，個別の指導計画か，個に応じた配慮を記載した集団の指導計画かでも性質が異なる。しかし，いずれにしても，発達の状態や医療歴・育ちの経過など様々な情報から個々の状態を総合的に把握し，チームで方針を決めることが基本である。「子どもは様々な環境との相互作用により発達していく」[2]と言われるとおり，幼児期の順調な育ちのためには，いかに人的・物的環境を意図的計画的につくるかが重要と言える。指導計画には，実践の方針や内容を，可視化・共有化する役割がある。

2 ◆ 発達に基づく視点で

　近年，発達評価が重要なことは，多くの関係者に理解されるようになってきた。特に，ASDを伴う場合，その行動を「しつけ」など社会的観点のみからとらえると，叱責や禁止などネガティヴなアプローチに傾きがちになる。しかし，発達の一過程としてとらえれば，実態を受け入れつつ負担のない目標を立てることができる。

　ASDはスペクトラム（連続体）であり，一定の特性をもちながらも，他の障害との重なりや，年齢，知的発達の程度により大きく異なる状態像がある。さらに，個人内でも，よく発揮される能力（日常生活動作，言語表出や文字・数字を読むこと，暗記すること，単純な計算ができることなど）と隠れたつまずき（言語理解や模倣に関係する想像力の障害）との間に大きな隔たりがあることが知られている。そのため，単に何歳レベルということでなく，個人内の発達の偏りや歪みを把握する必要がある。このように，発達評価は，行動理解のための視点を提供するだけでなく，より正確な実態把握のためにも役立つ。

3 ◆ 幼児期の個別の指導計画に記載したいこと

　幼児期の個別の指導計画は，発達の基礎的領域を押さえて長期目標を立て，各園で設定した指導領域に対して短期目標を立てるとよい。以下の「短期目標」や「指導内容」の項目は，比較的障害が軽い年長児を想定しているが，年齢や

個別の指導計画における記載項目の例

大分類	考えられる記載項目の例と説明
基礎情報	氏名，性別，生年月日（年齢），障害・合併症等
プロフィール	主訴，家族構成・生育歴・医療歴・相談歴の特記事項 専門家による診断や発達検査の概要
子供の様子	健康状態，身辺自立，言語，運動，対人関係，行動面の特記事項等
願い	保護者，担当保育士／教諭
長期目標	健康面，日常生活スキル，認知・言語，運動，対人関係等から三つくらい。大まかに，1年のスパンで設定する。
短期目標	指導領域に分けて設定する。幼稚園では，幼稚園教育要領における教育内容【健康，人間関係，環境，言葉，表現】及び【行事】などの分類が考えられる。専門機関では，【健康状態，感覚・認知・言語，運動・動作，情緒・対人関係】などの分類が考えられる。一般に，学期ごとに設定する。
指導内容，配慮事項	短期目標の分類に従って，具体的な指導内容や配慮事項を記載する。
保護者支援	保護者支援における配慮事項など
評価欄	自己評価，保護者や子供の側からの評価

　全般的な発達に合わせて，指導領域の分類を工夫することが必要である。保護者の参画は必須であり，常に開示を意識して記載内容を吟味し，専門家を含む支援関係者の意見を聞いて作成する。

4 ◆ 集団の指導計画への位置付け

　幼稚園や保育所では，集団の指導計画の中に特別なニーズのある子供を位置付けることも重要である。その子供と全体の活動との関係によっても個別の対応は変わってくる。例えば，その集団の目標が「リズムに合わせて体を動かすことを楽しむ」であったとしても，その子供の目標は「安心して教室にいられる」ことであったりする。それを職員全員で了解することで，教室にいることができたことで「よくがんばったね」という評価ができる。　　　〈立松　英子〉

1　障害のある子供の指導計画については，「幼稚園教育要領」においては，個別の指導計画の作成及び専門家からの助言を受けることが定められている。「保育所保育指針」においては，集団の指導計画への位置付けについても定められている。
2　平成20年度「保育所保育指針」第2章より

4 指導の実際

1 ◆ 対人・コミュニケーション行動に合わせた支援

　ASDは，見えない事象を想像することが困難な障害である。「見えないものがわかる」ことは，活動の終わりを予測する，暗黙の了解に従う，他者の目を意識するなど，社会的行動においても重要な役割を果たす。定型発達児は，生後12か月頃には，人の表情を見て行動を調整するようになる。これは，原初的な想像力に基づいた行動と言えるが，ASDの幼児は，特に人の意図（指差しなど）に注意を向ける行動に乏しいことが知られている。しかし，発達が進むとキーパーソンへの執着が高まる時期があり，やがて，一方的な不特定多数の人への接近行動が目立つ時期が来る場合も見られる。このように，遅れながらも対人行動の発達が見られるので，幼児期においては，特異な行動に目を奪われることなく，社会性や言語・運動など発達の側面に目を向け，その道筋に沿って育てていくことが重要と言える。

〔1〕愛着行動や発信行動に乏しい段階

　【状態像】呼んでも振り向かない，指差しをしない，人の注意を引こうとしない，指差しをしてもそちらの方向を見ない，物まねをしない，自傷や奇声が多い，特定の物の感触やチラチラ感（木漏れ日やザルの目からの光の状態等）を楽しむ，高いところに上りたがる，物をくるくる回す，自分が回るなど。

　【指導例】自他の区別が曖昧なので，人への気付きや発信行動を引き出すことが指導の中心となる。この段階では，絵カードの理解もまだ困難である。

　例えば，園庭に行くときに，みんなに「外に行くよ！」声を掛けながら，さりげなく砂遊びの道具を手渡す。砂場では一定の場所，一定の道具を決めて，他の子供に奪われることなく，そこで安心して活動できるようにする。触覚的に感じられる「物」によるコミュニケーション，安心して活動できる場の確保が，言葉や絵などの機能に気付いていない子供への合理的配慮[1]となる。砂遊びはこだわりであっても，こだわりであるからこそ，必要なものを強く求める意識が生まれる。それを活用して，人の存在への気付きや支援を求めるスキルを養っていく。例えば，砂遊びに没頭しているときにさりげなく介入して，使

っていた道具を手に取り，「ください」というサインにつなげる。

　身の回りのことを自分でする習慣が，成人期における安定した就労生活につながっていく。「トイレから出るときに水を流す」など身体運動と結び付いたパターン的な行動を通してよい習慣を養っていくことができる。身辺自立への困難は比較的少ないので，この時期から継続的に取り組んでいく。

　他の職員の協力を得るには，特定の職員が自己判断でそれをするのではなく，個別の指導計画の読み合わせなどにより，職員全体でその意味を理解している必要がある。

〔2〕身振りやサイン，絵カード，単語などで意思疎通が可能になる段階

　【状態像】クレーン現象や指差しなどで意思を表現し，特定の絵カードなどに強く反応するようになる。理解できる単語が爆発的に増えていくが，一つの言葉に一つの意味しかないことがほとんどである。自傷（自分に刺激を入れる）よりも友達の髪を引っ張る，噛みつくなど他害が目立ってくるのも，自分と異なる他者の感覚を意識するようになってきたことを表している。新しい場面では人を振り返って安全を確認するようになり，次第にキーパーソンへの依存が強くなっていく。

　後期には，理解言語が増えて二語文程度で要求を表現することもできるようになる。しかし，時間の概念が育つまでは，順番が待てない，すぐに手を出すなどの行動が目立つ。目に見える世界に強く依存することと，音やざわめき，言葉の指示に耳をふさぐなど聴覚刺激を拒否することは，関係し合って生じる。

　コレクションや物の並びなど視覚的なこだわりが強いが，日課や作業の手順，特定の場面での特定の人の配置など，次第に予測的なものになり，予定などそこに存在しないものに対するこだわりに変化していく。

　【指導例】発信行動（指差し，サイン，身振りなど）の分化・使い分けを促す。表出はあっても必ずしも理解を伴わないため，指示には常に視覚的な手掛かりを添える。単語の理解が出てきたら，スケジュールボードなどで未来を予測させながら，言葉につなげていく。多くは言語表出が見られ，オウム返しが目立ってくるが，コマーシャルの繰り返しやオウム返しはイメージを伴わないことが多いので，言葉どおりに受け取るのではなく，背景にある要求を察知することが重要である。例えば，「おーい，お茶！」と言いながら，「飽きたから外に

出たい」という要求を表していることがある。

　自傷よりも他害が多くなり，また，叱られることを期待しながらわざと危険なふるまいをするなど，一見悪い行動が増えたように見えることもある。しかし，人の反応を期待するようになったと考えれば成長である。キーパーソンが行動の起点になってきたら，一定時間，一対一で活動し，褒められる経験を意図的に設定するなどして，社会的に有効な行動に関心を移すようにしていく。〇や×など記号による評価も理解されてくる段階である。友達への関心はまだ薄いが，友達と同じことをすることに関心をもつようになる。2人でいすを運ぶなどの活動を通して，他者への意識を高めていく。

〔3〕言葉やイメージによる意思疎通が可能になる段階

【状態像】過度のおしゃべり，一方的な会話，羞恥心の乏しさ，情報収集癖，大きな音を出す，物を投げる，破壊するなどで人の注意を引く，想像力を使いながらの遊び（ままごとやなりきり遊び）などでいきなり現実のことを持ち出してトラブルになるなど。

　言葉による会話が可能だが，一方的で，友達とかかわりたい要求があっても相手の気持ちが理解できずにトラブルが多発する。「こういうときはこうする」などのパターン的な社会スキルは身に付くが，しばしば約束事を守り過ぎ，状況に応じて変化させたり優先順位を付けたりすることが難しい。目に見えない人間関係の優劣に敏感になり，一番になりたがる。ゲームや競争に真剣になり過ぎるため，譲り合いながら楽しむことが苦手である。

【指導例】表出や特定分野の知識の多さに隠れた，想像力の乏しさに配慮が必要である。「まっすぐおうちに帰ってね」と言われて「まっすぐ歩いたら（壁にぶつかるので）帰れない」と憤慨した事例もある。友達を叩いたときに，「反省しなさい」だけではどうしていいかわからない。「〇〇ちゃんはどんな気持ちがしたと思う？」など他者の気持ちに関する質問（暗に反省を促すような問い掛け）も効果が薄い。単刀直入に「友達は叩きません」と教え，必要に応じて，「叩きたくなったらあっちに行って座ろう」など代替行動を教える。あいさつ，お礼，謝る，お願いをする，など基礎的な社会スキルをパターンで教えていく。応用は難しいが，例えば人とぶつかったときに「ごめんなさい」と言えるかどうかは，成人期においては大きな意味がある。友達とかかわりたくな

いわけではないので，少しでも円滑な友達関係が得られるように，トラブルを予測しつつ対策を講じる。

2 ◆ 指導事例

〔1〕A児　5歳（男）　診断：ASD　前項(1)の段階

・保護者の主訴：言葉が通じない，飛び出しがある。室内では，人形の首やおもちゃの車のタイヤをちぎるなど，そばにあるものをバラバラにする活動に没頭する。集団行動はできず，素早く逃げていく。走り回ることが好きで，家では補助輪付きの自転車乗りに夢中とのこと。
・健康面：偏食が強いが健康である。
・感覚・認知・言語：子供の泣き声などを嫌い，耳ふさぎがある。人に触れられることを避ける。発語はなく，話し掛けへの反応も乏しい。
・運動・動作：着替えなどへの協力動作ができる。製作活動は成立しない。
・情緒・対人関係：要求を発信することはないが，母と手をつなぐことは嫌がらない。友達への関心は乏しい。新しい場所では座り込んで不安を表現する。

【来所当初の様子】幼稚園に通いながら週に1回療育センターへ。指導はそこで行った。当初は目が合わず，支援者への発信はなかった。自由遊びでは，ずっとおもちゃの車のタイヤをちぎっていた。触ろうとすると体をくねらせて避けた。

【指導の様子】飛び出しを避けるため，ローラースケートを履かせて，手を引いて走った。言葉に注意を向けさせるため，「ようい，どん」の合図で走り，「ストップ！」で止まる，という活動を繰り返した。そのうち，「ようい」というだけで体が前傾するようになった。次に，補助輪付きの自転車に乗せると，一人でぐるぐると走り回った。ひとしきり自由に走らせた後，支援者が前に飛び出して自転車の動きを止めた。再び走り出そうとするタイミングで，「どいてください」と言いながら，支援者の肩を叩くように手を誘導した。まもなく，支援者が自転車の前に立つと，少しの促しで支援者の肩を叩くようになった。おもちゃをバラバラにしたときには，ちぎったもの（車のタイヤなど）を支援者が受け取った。支援者の手に載せることができたら，「ありがとう」と言ってそれを元の位置に戻した。無心にやりとりを続けるうちに，支援者の手からタイヤがこぼれ落ちたとき，自分で拾って車にタイヤを付けようとするしぐさ

が見られた。

　このようにして支援者とのコミュニケーションが成立していくと，来所時に支援者のもとにきて，かすかに手を引く「クレーン現象」（発信行動）が出てきた。支援者は，すぐにそれに応えて自転車遊びをするようにした。支援者の肩を叩くサインを，手のひらを叩くように変えていき，それを，おやつのときの「とってください」のサインに広げていった。

　その経過で，母親からは，「センターに来るのを楽しみにして，自分から靴を履き，手をつなぐようになった」などの報告があった。「予定を変えたり新しい場所に行ったりするとき，座り込むことが少なくなり，素直に促しに応じるようになった」などの変化も報告された。母親自身もにこやかな顔で通所するようになり，親子共々安定してきた様子が伺えた。

〔2〕B児　4歳（男）　診断：ASD　前項(2)の段階
・保護者の主訴：することや着るものを自分で決めており，実際と食い違うとパニックになる。そのため通園や買い物にも苦労が多い。
・健康面：偏食が強いが健康である。
・感覚・認知・言語：物を目の端で見る癖がある。3歳の頃から平仮名，片仮名，数字，アルファベットを読み，ABCDなどの文字板を順番に並べる遊びを好んでいた。絵は描かずに文字を書く。
・運動・動作：着替えや排せつなどは自立しており，手がかからない。手のひらを自分に向けて振る逆バイバイがある。目の前でおじぎをすると，本人は後ろに背中をそらすなど，模倣の異常がある。
・情緒・対人関係：特定の大人のそばで遊ぶが，友達には関心が乏しい。数字を読むなど自分なりの遊びで満足すると，大人を振り返って得意そうにする。

【来所当初の様子】幼稚園への入園時，保護者からの分離に抵抗はなかったが，教室ではしばらく隅の方で様子を見ていた。自由遊びになると，すぐにブロックで遊び始めた。支援者が意図的に介入し，ブロックを隠すと支援者のほうを向いた。「はい，どうぞ」と言ってブロックを手渡すと，素早く受け取って活動を続けた。友達同士でのやりとりはまったく見られなかったので，集団の中での指導を工夫した。

【指導の様子】まず，体全体を振り回す遊びを試みたら，よく笑い，何度も要

求してきた。「僕もやって」という子供が数人いたので，そのグループを対象に順番に並ぶことを指導した。床に1辺30cmくらいの四角形をテープで作って立ち位置とし，その中に入ったら行うこととした。また，そのゾーンから外に向けてテープで2mくらいの直線を描き，その上に並ぶよう促した。B児は正確に直線の上に並んだ。立ち位置に入った子供は「お願いします」と言うことにしたら，B児も，ぎこちないが言えるようになった。

　並べる癖を利用して，紙芝居などの前に，数字付きの立方体のいすを並べる仕事を頼んだ。きれいに並べたのでみんなの前で褒めると，得意そうな表情が見られ，次回からは率先して行った。自由時間と設定活動の違いが理解できたようだった。

　園でのプログラムはできるだけ画像化して壁に貼り，全員に対して言葉とともに指でさして伝えるようにした。B児は状況の絵を理解しにくかったので，象徴的な物（外に出るときは帽子と靴など）も写真にして示した。文字が書けたので，言葉の理解が増えてきてからは，B児専用のホワイトボードを用意し，自分でスケジュールを書くことを日課にした。スケジュールの変更があるときは，「変わりました」カードを出し，それをキーワードに気持ちを切り替えるようにした。文字で代替スケジュールを示すとより効果的だった。

　家では，身支度などをできるだけ一定の手順で，自分で行うよう仕向けていただいた。着ていく物へのこだわりに関しては，翌日着ていく物を自分で揃えさせ，ハンガーにかけて見せておくように保護者にお願いした。着替えやトイレ，歯磨きなどは，できるだけ一定の手順で行うようにしていただいた。するべきことがプログラム化されたことにより，情緒的にも安定してきた。

　初めての場所に行くときは，予め写真を見せ，現地ではパンフレット等を持たせ，手を引いて一周するなどして，安心させるようにした。突然の予定の変更に備え，例えば「雨の日プログラム」や「忙しいときプログラム」なども用意する必要があることを保護者に伝えた。代替プログラムを示す視覚支援は今でも必要だが，「変わることもある」ことを理解した頃から，かたくなさが減ってきたように見える。

〔3〕指導事例のまとめ

　しばしば見られる「困った行動」に保護者や支援者が取り込まれてしまうと，

お互いに苦しい状況になる。「マイナスの側面を治していかなければ社会に適応できない」と考えるのではなく,「プラスの方向で豊かにしていくことによって他のものにも興味・関心が広がる」と考える。保護者から家庭での様子を聞き,他の支援者の意見を取り入れつつ支援者自身の視点も変えていく。個別の指導計画の作成においては,まずはできていることに着目し,書き出してみる。子供が強い興味をもつことを自分もやってみることを通して,支援者の否定的な感情が変わっていくこともある。例えば,園庭に飛び出して寝ころぶ癖のある子供と一緒に寝転んでみたら,木漏れ日がチラチラする様子に心を奪われていることが理解できたという話がある。その体験を手掛かりに,制作活動にキラキラする素材を取り入れてみたら,子供が活動に参加するようになったとのことである。理解されず,表現に困ると,活動を拒否したり集団から飛び出したりするのは,ASDを伴う子供に限らずだれにでも起こり得ることである。言語表現に困難のある子供のすべての行動はメッセージ(言葉の代わり)ととらえ,チームで協議しながら真のニーズを見出す目を培っていく。

　幼児期の保護者は,まだ障害を受け入れることが難しく,受け入れたとしても,日々の生活を支えていくだけで精一杯の状態にあることが多い。保護者ができることと通園先でできることを整理し,すべてを保護者が背負わなくてよいという安心感を与えることも重要である。同時に,同じ立場にある保護者同士のネットワークを広げ,互いに支え合う仕組みづくりにも気を配っていく。支援者は,数年先や成人期を見通しながら,今できることを具体的に伝えていく。具体的な目標ができると,保護者は安定し,明るく子育ての話ができるようになることが多い。

〈立松　英子〉

1　障害者の権利に関する条約の第24条「教育」においては,教育についての障害者の権利を認め,その権利の実現に当たり確保するものの一つとして,「個人に必要とされる合理的配慮が提供されること」としている。
　　同条約第2条「定義」においては,「合理的配慮」とは,「障害者が他の者と平等にすべての人権及び基本的自由を享有し,又は行使することを確保するための必要かつ適当な変更及び調整であって,特定の場合において必要とされるものであり,かつ,均衡を失した又は過度の負担を課さないものをいう」とされている。

= Column =

震災等への対応
～「あたりまえ防災」のすすめ～

　「校内放送が入ると，毎回，避難訓練だと勘違いして教室を飛び出す」「避難訓練を行うと，校舎外に出てうずくまり，避難場所に移動できない」そんな自閉症スペクトラムのあるＣ児も，教室に留まり二次避難場所まで移動できるようになった。「本人にわかりやすい方法で事前に伝える」「お気に入りのぬいぐるみや，好きなキャラクターの『安心グッズ』を持つ」「Ｃ児が好きな友達に誘ってもらう」などの支援の工夫を，避難訓練だけでなく，普段の授業や行事の学習で積み重ねてきた結果である。本校は，安全安心な学校づくりを目指し，4月の始業式前に，職員で安全教育確認研修を実施している。防災教育は，学校安全計画や教育課程と関連付けをし，学校生活全般に反映され，系統性を保ちながら体系的に実施するものである。組織的な対応に加えて，各個人がＣ児と同じように本番の意識をもち，日常の授業や行事に反映させる必要がある。図は，震災への対応についてイメージしたものである。大切なことは「議論すること」と「個にかえること」である。防災頭巾とヘルメットのどちらがよいかという議論がある。ヘルメットは強度に優れるが，あごひもの形状が様々で，個に合った物を選ぶ必要がある。防災頭巾は，聴覚（耳を隠す），視覚（横の視覚を遮る）刺激を減らし，ぬくもりを与える安心グッズになる可能性があり，東日本大震災では，防災頭巾を枕によく眠れたという事例もある。

　その子（個）の生活場面に応じて必要な物を推察・議論し，もし震災があっても，日常に近い生活をし，日常に早く戻れるように備えることが，心身のダメージを減らし「あたりまえ」に命を守ることにつながる。

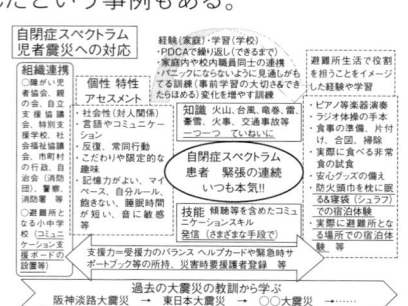

〈瀧川　　猛〉

Chapter V

小学生段階の指導の実際

1 小学生段階の特性

1 ◆ 基本的な特性

　自閉症スペクトラムの基本的な特性は，学級を単位に様々な学習や生活経験を積み重ねる小学生段階において，幼児段階とは異なる新たな集団参加の問題をもたらす。学校種を問わず学級は，通常，複数の児童と1人または複数の担任教師から構成された複雑で変化に富んだ環境である。学習や生活は音声言語を中心に行われ，同じ学習内容を同じ速さで習得することや，同じような興味や関心をもち，同じように活動に参加することが求められる。また，一人一人の習得を待つことなく，一定の時期に新しい学習内容や活動が導入される。加えて，学習や生活経験を適切に積み重ねていくためには，ある程度，個々の行動が統制される必要がある。

　そのため，先生や友達に自分から接近できない，友達の働き掛けにうまく応えられないなどの対人的相互反応の障害は，複雑で変化に富んだ環境の中で担任や級友とのかかわりの不調を強めることになる。かなり話ができる力をもつ場合でも，相手の話を聞く力の弱さや仲間に入りたいという簡単な要求も表出しにくいなどのコミュニケーションの障害は，指示の理解や意思伝達の困難さをもたらす。さらに，他の児童がほとんど興味を示さない特定なものに強い興味を示すという特性は，自閉症スペクトラムのある児童の優れた側面ではあるものの，一方で，学習の偏りや学年進行に伴う全般的な学力の低下につながりやすい。それらの問題が長期化すると，学習や教室からの逸脱や学級内での特別扱いといった問題が生じることになる。

2 ◆ 心理的な特性

　自閉症スペクトラム児の集団参加を促進するためには，基本的な特性に加えて，心理的な特性についても理解しなければならない。まず，感覚面の過敏性である。例えば，運動会のピストルの音や体育館での集会の騒がしさなど，一般の児童にはほとんど影響のないような聴覚，味覚，接触，嗅覚，視覚刺激によって著しい過敏性が生じる。急に接近したり，大きな声で指導したり，頭や背中を強く触ったりすると回避行動や逃避行動が誘発されやすい。

次に，社会性の発達である。小学生段階に最も発達する社会性の一つが，他者視点である。しかし，他者とのかかわりの不調によって，それらの発達が抑制される。その結果，場面の読み取りや自他理解の弱さ，一面的あるいは極端なものの考え方をもたらす。

　さらに，情報処理の特徴についても留意しなければならない。例えば，「赤いペンを取って」という指示に対して，ペンという特定の刺激要素のみに限定的に反応する刺激の過剰選択性がある。また，高学年になっても触る，臭いを嗅ぐ，舐めるという感覚が優位に作用する近感覚優位という特徴がある。

　暗計算能力など機械的記憶の良好さに対して，短期記憶の弱さやエピソード記憶の混乱，同時処理と継次処理といった情報処理過程に極端な歪みが認められる。それらは周囲から理解されにくく，きちんと聞いていない，あるいは態度が悪いといった誤解を生みやすい。

　加えて，標準的な知的発達のある自閉症スペクトラム児でも，表象能力に著しい弱さをもつ。そのため，見立て遊びはもちろん，時間や場面の見通しや，心情理解をはじめとした国語や算数などの教科学習に困難さがもたらされる。

3 ● 小学生段階における中心となる指導内容

　対人関係やコミュニケーションは，幼児期段階に引き続き重点的な指導内容となる。自立活動に示されている人間関係の形成やコミュニケーションの内容を参考に，他者とかかわりや意思伝達の喜びが最大限に得られる取組が必要となる。また，基礎的な学習態度や基本的生活習慣が学校生活で定着できるように指導するとともに，実際の生活で使える教科的な力や家庭生活に必要なスキルを形成する。簡単なお手伝いによって周囲の役に立ったり認められたりする経験や，児童の好きなことや得意なことを見いだし，それらを伸長することも大切になる。

　一方で，小学生段階では，自閉症スペクトラムの基本的及び心理的な特性が顕著に認められることから，児童の特性や発達の実態を正しく理解し，個に応じた教育的配慮を確実に実施する。過敏性への配慮や，構造化の観点による学習環境の整備が学びやすさや安心した生活につながる。また，自閉症スペクトラム児とかかわる機会を意図的に設定するなど，級友への指導や配慮も不可欠になる。

〈渡部　匡隆〉

2 アセスメント

1 ◆ アセスメントの観点

　一人一人に適切な指導目標を設定するためには，児童の実態をできるだけ正確に，そして総合的に把握する。そのため，児童の実態，児童を取り巻く環境面の実態，児童と環境との相互作用の実態について把握する。乳幼児段階や当該学年までの生育歴や指導・支援歴に関する情報も，実態を総合的に把握するために不可欠となる。

　また，教育的ニーズの把握も必須となる。できれば児童からの聞き取りを含めて，学習や生活で困っていること，今，あるいはできるだけ近い将来，充実した学習や生活が可能となるための必要な資源について把握する。

2 ◆ アセスメント方法

〔1〕心理アセスメント

　指導方針を得るために，自閉症スペクトラムの特性の実態について把握する。小学生段階では，PEP-Ⅲ教育診断検査が考えられるが，用具や検査時間にコストがかかるため，簡便な方法として T-CLAC 自閉症状評定尺度がある。9領域の実態について聞き取りと行動観察により評定することで，自閉症スペクトラムの特性の強さと指導方針の手掛かりが得られる。

　次に，発達の全体像を把握する。概括的には，生育歴や指導歴から，発達段階の代表的な指標（例えば，コミュニケーションであれば指さしの有無や指さしが表出された年齢）に照らして確かめていく。しかし，簡便な発達検査を用いて客観的に把握することが望ましい。様々な発達検査があるが，KIDS 乳幼児発達スケールや新版 S-M 社会生活能力検査が短時間で実施でき，プロフィールとして発達特徴を一目で確認できる。

　また，必要に応じて発達の各領域について詳細な情報を収集する。ただし，知的発達は，自閉症スペクトラム児の適切な教育環境を選択するためにも，指導方針や指導の配慮事項を把握するためにも可能な限り収集する。知的発達の低さが疑われる場合には，DAM 人物画検査やコース立法体等の非言語的な知能検査によって全般的な知的発達の実態を把握する。知的発達の高さが認めら

れる場合には，WISC-ⅣやK-ABC等を用いて全般的な知的発達に加えて認知特性について把握する。

〔2〕行動アセスメント

直接観察を中心に，二つの側面について把握する。

一つは，児童の学び方である。好きなことや喜ぶこと，児童にとって理解しやすい指示の与え方，児童の言語的な表出を周囲が適切に理解する方法，回避反応が誘発されにくいかかわり方，課題の持続時間や習得度，取り組みやすい課題の提示方法や達成感が得られる評価の与え方，過不足のない手助けの仕方，課題中の望ましくない行動，新しい課題や変化に対する柔軟性，習得しているスキルや芽生えつつあるスキルを把握することで，児童との信頼関係の構築や効果的な指導が可能となる。

もう一つが，児童の望ましい行動や望ましくない行動の出現に関係する環境要因の把握である。行動の直前の状況と直後の状況に焦点を当てて行動観察することで（ABC分析），行動の機能や適切な学習や生活環境を明らかにできる。

〔3〕環境アセスメント

児童を取り巻く生活環境の豊かさを把握するため，児童が利用している社会資源，児童の生活に関係する人的資源，生活の中で選んだり決めたりしていること，担っている社会的な役割，特技をはじめとした児童を価値付ける力について把握する。また，心理的ストレスを含めて保護者や家族の実態について把握することも不可欠になる。

3 ◆ アセスメント情報の見取りと活用の留意点

ストレングスの視点から見取りを行う。児童の長所，好み，才能，特技，達成してきていること，認知的な強さ，もてる力を最大限発揮するための手立てという点からアセスメント情報を評価することが児童の可能性を高めることになる。また，自閉症スペクトラム児の個人内差や発達の歪みの点から，実態の評価と必要な教育的配慮について検討する。

アセスメント情報は，すべての情報を全体的に把握できるように一覧表に整理・統合して記入する。そして，それらの情報を基に，児童の生活に役に立つ実現可能な指導目標を見いだしていく。定期的にアセスメント情報を収集することで，児童の変化や今後の指導の方向性を確認できる。

〈渡部　匡隆〉

③ 指導計画

1 ◆ 学校が楽しくなるように

　指導計画を立てるときに最も重要なことは，学校に来ることが楽しくなるような指導計画を立てることである。学校は，楽しく学べる場所でなければならない。特に小学生段階の子供にとっては，これはとても大切なことである。この時期に学校が楽しい場所になるかどうかは，その後の学校生活に大きな影響を与える。保護者の信頼も得ることができるだろうし，何より子供にとって学校が魅力的な場所になるからである。このことをまず考えて指導計画を立てる必要がある。

2 ◆ 指導計画を立てるときに踏まえるもの

　指導計画を立てる際には，教育課程を踏まえることは言うまでもない。それは，指導計画は，教育課程を具体的に示したものであると言えるからである。つまり，指導計画は，教科別の指導，各教科等を合わせた指導，特別活動，自立活動等について，それぞれの指導目標，指導内容，系統性のある指導順序，指導方法，使用する教材・教具，指導時間等を含め具体的に示したものになる。

　そして，指導計画を立てるときには，次のような点について注意しなければならない。1点目は，系統的，発展的な指導ができるようなものになっているか。2点目は，児童の実態，生活する地域，発達段階が考慮されたものになっているか。3点目は，各教科等における指導事項を精選し，効果的な指導ができるように配慮されたものになっているか。4点目は，各教科等の連携を図り効果的な指導を行うことができるような指導の形態を取り入れたものになっているか。5点目は，個別の指導計画に基づいた，個々の児童生徒の実態に応じたものになっているか。6点目は，家庭や地域社会と連携したものになっているか，という点である。このような点に注意しながら指導計画を立てる必要がある。

　この中でも特に重要なのは，個別の指導計画についてである（個別の指導計画の詳細についてはⅡ章を参照のこと）。なぜ重要なのかと言うと，発達に不均衡さを抱えている自閉症のある児童の実態が特に反映されているからである。発達の不均衡さを共通理解し，指導計画を立てていかなければならないのであ

る。

3 ◆ 個別なのか集団なのか

　指導計画を立てるときによく悩むのが，個別に指導するべき内容と集団で指導するべき内容をどのように配分するのかという点である。学校教育のいいところは，集団での指導ができる点である。

　ここで重要なのは，個別に学ぶほうが指導効果を期待できるものと，集団で学ぶほうが指導効果を期待できるものとに分けて考えることである。例えば，個人差の大きい個別の学力的なことについては，個別に指導したほうが効果を上げることができるだろう。一方，人間関係の形成を図ることについては，集団で指導するほうが適しているだろう。個別に（集団で）指導すればそれでいい，という話ではなく，児童の実態に応じて指導計画を立て，その中に必要な学習形態として位置付けるものであるということを忘れてはならない。

4 ◆ 評価を生かす

　指導に当たってはPDCAのサイクルを大切にしなければならない。指導計画を立て（P），それに基づいて実行した（D）というだけでは不十分である。指導内容を評価し（C），それを基に改善につなげる（A）という作業を繰り返さなければならないのである。PDCAのサイクルをうまく回し，機能させることが指導計画を達成するために必要なことなのである。

　ここで重要なことは，指導計画が教師側の自己満足になることがないように，複数の教員で評価し（C），それを受け入れ，柔軟に対応し，工夫して実践していくことである（A）。自閉症スペクトラムのある児童は正直である。いくら詳細に指導計画を立てたとしても，それぞれの児童の実態に応じたものでなければ，授業はうまくいかないであろう。指導がうまくいかないことを児童の責任にしてはいけない。それは，指導計画が不十分であることの表れだからである。指導者として，児童に身に付けさせたいスキルを考え，そのスキル獲得を目指した指導にこだわりたい気持ちがあることは理解できる。しかし，指導効果を上げるためには，評価を冷静に分析し，次のアクションにつなげることが大切であることを忘れてはならない。

〈坂井　聡〉

4 指導内容，指導方法

1 ◆ 指導内容や指導方法を工夫するときに

　指導内容や指導方法を考えるときに最も重要なことは，児童の発達の段階をしっかりと把握し，それを踏まえることである。特に自閉症スペクトラムのある児童の場合は，個人内の発達の差が大きいことが多い。そのアンバランスさから見える得意なところと苦手なところに配慮しながら，指導内容や指導方法を考えることが大切である。指導内容としては，コミュニケーション，社会性，身辺処理，言葉や数の概念につながる基礎的な学習等が考えられる。中でも重要なのは，コミュニケーションと社会性に関する部分であろう。

　コミュニケーションと社会性に課題のある自閉症スペクトラムのある児童の指導を考えるとき，特に注意すべきことがある。それは，コミュニケーションや社会性についての課題が顕在化するのは，いずれも周囲に人がいるときだということである。指導を考える際，このことが意味することは非常に大きい。なぜならば，指導においては，人である教師が自閉症スペクトラムのある児童にかかわることになるからである。教師がかかわったとき，児童のもつ困難さが顕在化するような状況では効果的な指導はできない。困難さを顕在化させないようにするための配慮が必要なのである。それは，次のような点についてである。1点目は，自閉症スペクトラムのある児童のコミュニケーションへの配慮。そのためには，教師のほうがコミュニケーション能力を発揮しなければならないということ。2点目は，自閉症スペクトラムのある児童の社会性への配慮。そのためには，社会性に障害のない教師のほうが工夫しなければならないということ。3点目は，自閉症スペクトラムのある児童の想像力の困難さへの配慮。そのためには，教師のほうが想像力を発揮し，その児童の気持ちや思い，行動の意味や理由を考えなければならないということである。これらのことを念頭に置いて指導内容や指導方法を考えていかなくてはならないのである。

2 ◆ この時期の指導について

〔1〕この時期のコミュニケーション指導

　コミュニケーションの指導を考える際に忘れてならないのは，コミュニケー

ションは双方向のもので，受容性と表出性のコミュニケーションがあるということである。その上で特に重要なのは，児童に理解できるように伝えることである。「何をするのか」「どこでするのか」「どのようにするのか」「誰とするのか」「終わったら何があるのか」といった情報を児童にわかるように工夫して伝えるのである。これらの情報がなければ，誰でも混乱するに違いない。まず，児童が混乱することなく学習できるように情報を伝えることが大切である。このとき，視覚的な情報の活用が効果的であることは，これまでにも明らかにされてきており，決して忘れてはならないことである。

　また，音声表出でコミュニケーションができない児童の場合，周囲の人にわかるように伝える方法も指導する必要がある。音声表出によるコミュニケーション手段を獲得していない児童の多くは，直接的な行動で要求等を伝えている。この行動が周囲の人に受け入れられがたい場合，問題行動とされ，「やめなさい」「してはいけません」と言われ制止されることになる。これは，児童が表現することを禁止することになり，児童にとっては「しゃべってはいけません」と言われているのと同じことになる。他の表現方法が身に付いていなければ，結果として，問題行動はより大きく，深刻なものになっていくことは明らかである。つまり，禁止だけでは問題行動はなくならないのである。

　このとき重要なのは，児童の行動の背景にある理由を考え，児童の言いたいことを吹き出しにして考えることである。「何が言いたかったのだろう」と考えるのである。何が言いたかったのかがわかれば，児童の実態に応じたコミュニケーションの手段を提案することができる。つまり，「その方法ではうまく伝わらないから，こっちの方法で伝えられるように練習しよう」というようにすればよいということである。そして，提案した手段を使って，要求等が相手に伝わったという経験ができるように工夫していくことが大切である。

〔2〕この時期の社会性の指導

　自閉症スペクトラムのある児童への社会性の指導は，教育上重要な内容の一つである。通常，子供は小さい時期にはほとんどの時間を遊びに費やし，そこで初期の発達的スキルを学んでいる。そして，人と人とのかかわりを通して社会的スキルを身に付けていく。しかし，自閉症スペクトラムのある児童の場合，その遊びは他者からの孤立で特徴付けられるものが多く，遊びが単独であった

り，その社会的行動は傍観であったり，並行遊びに限られていることが多い。つまり，単に遊びの場を設定したからといって，自閉症スペクトラムのある児童が，周囲の人に受け入れられる適切な社会的スキルを学ぶことができるわけではないということである。社会的スキルを身に付けることができるように，指導環境を整えて指導していかなければならない。

　社会的スキルを学びやすい環境として，玩具の選択などはとても重要なことになる。本や芸術関係の素材，パズルなど一人遊びが成立しやすいものを活用するのではなく，ブロックやボールなど社会的相互作用を促進するような玩具等を選んで指導するようにする。また，そこで周囲の人とのかかわり方を指導していくことも重要である。まずは，教師と一対一でかかわることから始め，徐々に集団を大きくしていくなどの工夫をする。その際，人とかかわる経験がネガティブなもので終わってはならない。ポジティブな経験となるように，成功体験を積むことができる配慮をしていくことが重要である。

〔3〕この時期の学習指導

　この時期の学習指導として重要なことは，児童の学習上の特性を的確に評価してから指導することである。自閉症スペクトラムのある児童の場合，できることとできないことの差が大きいことがあり，できるところだけに注目してできないところ見てしまうと，「これができないのはおかしい」と解釈してしまうことになりかねない。このような誤った解釈に基づいて学習課題を考えると，できないことのみに視点を当てた学習課題になり，楽しく学習することにならないであろう。児童のできる部分を中心に，興味や関心，得意な面を考慮しながら，学習指導を考えていくようにすることが重要である。発達の不均衡さや情緒の不安定さなどに配慮した指導が求められる。

　また，学習指導を進める上で重要なこととして，児童が見通しをもって学習活動ができるようにすることが挙げられる。見通しをもつことで安心することができるからである。見通しがもてるようになると，自分から動くことができるようになる。それが学習意欲や学習習慣にもつながっていくのである。

　学習内容の工夫では，実際の生活に結び付いた具体的な活動を考えることが重要である。学校で学んだことを生活に生かすことができるようにならなければ，日々の生活の質を高めることにはならないからである。そして，大切にな

るのは，成功体験で終わるようにすることである。そのためには，子どもの実態に応じた支援も必要である。必要な支援と適切な指導を行い，成功体験で終わるようにするのである。主体的な活動を促すためには，成功体験は不可欠である。成功する体験を重ねることで，自信をもつことができるようになり，自ら積極的に社会参加できるようになるであろう。自分に求められていることがわかるようになり，すべきことを理解して活動できるようになるからである。

〔4〕この時期の身辺処理指導

身辺処理に代表される基本的生活習慣に関する能力は，学校，家庭，地域での生活に大きく影響するため，小学生段階では優先順位の高い指導内容となる。

重要なことは，日常生活の自然な流れの中で，必然性のある状況を設定し指導することである。そして，できそうなところに視点を当てて指導を行うこともとても大切である。少しの工夫と支援があればできるようになる可能性があるところから始めるのである。基本的生活習慣については，できるようになったときの達成感は大きく，周囲からも評価されやすいので，児童の自尊感情や自己肯定感を高める上での効果は大きい。できたという実感がもて，成功体験ができるように指導していくことが大切である。

3 • 自己肯定感や自己効力感を育てる

小学生の時期は，児童の能力が最も伸びる時期である。この時期に，できるという体験を繰り返し積むことができるならば，児童の自己肯定感や自己効力感も育てることができ，周囲でかかわる人も児童の成長を体感できるだろう。

そのためには，アセスメントをしっかりして，児童の実態に応じた指導内容を設定し指導方法を考えることである。そして，繰り返すが，成功体験ができるように，手段や方法を提案していくのである。「あなたの選んだ方法では残念ながらできないけれど，こっちの方法ならできるかも」といったように考えるのである。できない経験（失敗）から試行錯誤し，適切な方法を身に付けることは，容易にできることではない。成功体験を数多く積んできている教師が，実態に応じた内容や解決方法を提案したとき，児童は成功体験をし，そこから学び，次には自分からその方法を用いて課題に取り組むことができるようになるという，一連の流れがあることを忘れてはならない。

〈坂井　聡〉

5 授業での工夫

特別支援学校 思いを表出し，伝わる喜びによる心理的安定
〜五十音表を活用したコミュニケーション指導を通して〜

❶ 児童の様子

　D児は，特別支援学校小学部3年生，女児，自閉症と診断されている。言語表出はないが，平仮名と片仮名を読むことができ，内言語は多い。伝える手段が少ないため，初めてのことや見通しがもちにくいことに取り組む場面，自分の思いと異なる場面では，泣いたり寝転んだりするため，学習参加が限られたり，自傷行為をしたりするが，自分から気持ちを伝えようとしている。

❷ 指導目標
・平仮名五十音表を用い，自分の気持ちを伝え，安心感をもって学校生活を送る。

❸ 指導計画
　①語彙数を増やす指導，②平仮名五十音表を使ったコミュニケーション指導。

❹ 指導の工夫
　前述したD児の様子から，伝える手段が少ないことで，うまく伝わらない経験や伝えられないことによるストレスが重なっていると言える。そこで，上記の①②の内容に毎日の個別学習で取り組むこととした。その後，日常生活で使えるように支援し，D児がやりとりできる人を増やすことを目指した。D児が存分に自分の思いを表出し，教師から共感されることで，伝わったことを実感できるようにし，伝わる経験や安心感を積み重ねられるようにした。

❺ 指導の実際

〔1〕D児の語彙数を増やす指導

　日常生活で使うものや場所，身近な人等の名前の学習に取り組み，コミュニケーション時に使える語彙数を増やすこととした。プリントに写真や絵を貼り付け，物の名前を書いておく。そこにD児が平仮名シールをマッチングして貼り付けて，

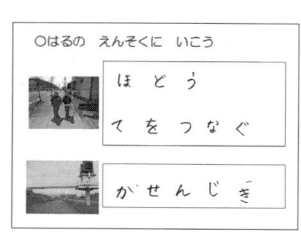

シールを貼り付けたプリント

単語を完成させるという学習である。促音や濁音は確実ではないが，ものの名前を覚え，語彙数が増えた。また，校外学習等の活動と関連させ，「楽しい」「うれしい」などという気持ちについても，写真と文字を照らし合わせ，気持ちを振り返ったり実感したりできるようにした。

〔2〕平仮名五十音表を用いてのコミュニケーション指導

① 小学部3年生4月～9月までの指導の様子

家庭との情報交換の中で，平仮名五十音表に興味をもったということを聞き，個別学習でもすぐに取り入れた。五十音表を提示すると，初めは好きなキャラクターや食べ物の名称を指さした。それをホワイトボードに教師が書いて読み上げることで，D児が伝わっていることを実感できるようにした。集中して平仮名を指さし，ボードに書いてほしいと要求したり，笑顔や発声が多く見られたりするようになった。

② 小学部3年生10月～3月までの様子（日常生活での活用）

D児からの表出だけではなく，教師が示したカードや本の文章，教師が話した単語等を指でさす学習に取り組んだ。自分の言いたいことに限らず，相手が伝えていることを受容し，理解する姿を目指した。また，泣いている場面で，平仮名五十音表を提示した。そうすることで，泣き続けるのではなく，そのときに考えていることや要求を指さす姿が見られ，教師とやりとりできるようになってきた。

❻ 児童の変容

D児に合った平仮名五十音表を用いてのコミュニケーション指導を進める中で，家庭と学校で同じものを使ったことが効果的であった。やりとりの中で納得して気持ちを整理し，予定していた活動に参加できることが増え，泣く時間等が減少した。また，「○○に行こう」「薬（を飲みます）」など，状況に合ったことを伝える姿が見られてきた。笑顔が増えたり，身振りも見られたりするようになったことに，D児が伝わる安心感ややりとりの喜びを実感していることが表れている。

〈杉本まゆき〉

|特別支援学校| **セルフマネージメント能力を高める**

❶──児童の様子
　E児。小学部3年生，男子。日常生活には困らないレベルの言語能力と認知理解力をもちながら，順番や勝ち負けなどに強いこだわりがあり，活動の妨げになっている。そうしたこだわりは学校生活の様々な場面で見られる。

❷──指導目標
・簡単なルールやマナーを守って楽しくゲームに取り組むことができる。

❸──指導計画
　2学期の自立活動の時間に指導場面を設定し（週に2回），自己の行動の調整に関する内容を中心に個別指導の形態で行われた。指導回数は18回である。

❹──指導の工夫
　指導に当たっては，次に説明するオセロゲームを通して行った。表面が白，裏面が黒の円形のカードを20枚用意する。取り組む前に，白と黒のどちらかの色をE児が決め，スタート合図に合わせて一定の時間内で任意のカードを好きな色にする。タイムアップ後に自分の決めたカードの色が多いほうが勝ちとした。また，ルールやマナーの理解に向けて次のような工夫を試みた。①オセロゲームを始める前に，E児と教師が相談しながら活動のめあてを設定する。②オセロゲームは3回連続して実施し，多く勝ったほうが勝者としてゲーム終了後に表彰する。③表彰の後，教師はE児がめあてに沿って活動を振り返られるように働き掛けた。

❺──指導の実際
〔1〕ルールの理解に向けて
　ゲームを通してオセロゲームのやり方を知らせると，開始と終了の合図や勝ち負けの基準などのルールをE児はすぐに理解した。一方で，3回戦で終わらせる約束が守れず，「もう1回したい」と大きな声を出す姿も見られた。そこで，3回戦で終わりにできることをめあてにし，終了後の表彰を勝利インタビューとして大袈裟にすると，E児は自ら表彰に移行できるようになった。

〔2〕マナーの理解に向けて

　カードを体の下に隠したり，遠くに投げたりする様子がE児に見られるようになった。ゲームを始める前にそのような様子を教師が実演して見せて，E児にどう思うか感想を求めると，「だめです」との返答があった。そこで，「カードを体の下に隠したり，投げたりしない」ことをめあてにしたが，実際にゲームに取り組むと，E児はアンフェアな行動が目立った。振り返りの場面で，ゲームは楽しかったと言うE児へ，めあてを守れたか質問すると，「できた」と元気な返答があった。そこで，E児の様子を写真で示しながら，再びめあてを守れたか質問すると，やはり「できた」との答えが返ってきた。その後も同様の指導を繰り返すと，写真を見ながら「僕がいけません」とE児は言うようになり，自分のアンフェアな行動を認められるようになってきた。また，自分のアンフェアな行動を認められるようになると，カードを体の下に隠したり，遠くに投げたりする姿は急に見られなくなった。

〔3〕負けを受け止められるようにする

　「負けても勝った人に拍手する」ことをめあてに取り組み，3回戦のうち1回を教師が故意に勝つようにした。すると，E児は負けるたびに大きな声を出して，気持を切り替えられるまでに時間を要した。振り返りの場面で，負けたときに大きな声を出したことを指摘しても，「してない」との返答だった。騒ぐ姿の動画を見せると，注視する様子が見られたが，その後は黙ってしまった。負けを認められずにいたE児だが，大きな声を出したとき，教師もE児の姿を真似してみた。E児は教師の姿に気付くと，表情が柔らかくなり静かになった。教師がE児に「先生へ拍手だよ」と声を掛けると，E児は小さく拍手をした。このことを契機に，教師がE児の姿を真似して返すと，気持ちを切り替えられるようになり，負けても自分から拍手ができるようになった。

❻ 児童の変容

　E児はオセロゲームを通して，ルールやマナーを守って楽しむことができるようになり，勝ち負けにこだわる姿も軽減した。そうした姿は学校生活の他の場面に般化するまでには至っていないが，写真を基に自分を振り返えられるほか，教師が真似して返すことで気持ちを切り替えられるようになった。

〈堀口潤一郎〉

特別支援学校 文字の勉強をしよう
~アルバムを作ろう~

❶──児童の様子
　F児。小学部5年生，男子。平仮名と一部の片仮名の読み書き，漢字で書かれた曜日が読める。単語で自分の要求を伝えるため，「○○先生，△△をお願いします」と短い文で伝えられるようにする学習を行っている。感情は，表情や行動で表出する。「暑い」「お腹がすいた」「嫌だ」など本人にとって不快な状況のときに，両手で自分の頬を叩くなどの自傷行為などを起こすことが課題であった。

❷──指導目標
・学校生活で用いる文字の読み書きができるように，学校生活の様々な場面で撮った写真に付けるコメントを視写する。
・自分の気持ちを場面に応じた適切な言葉で表現できるように，写真を見ながら，その場面に適した気持ちの言葉カードを選ぶ。

❸──指導計画
　3学期の個別課題学習の時間に行った。2学期までは，片仮名（洋食店のメニュー）と漢字（自分の名前や住所）の視写や，母の日や父の日に手紙を書いたり，訪問学級の友達に手紙を書いたりする学習を行った。この単元では，これまでのまとめとして，平仮名や片仮名，学校生活で目にする機会の多い漢字でアルバムに貼る写真に付けるコメントを視写した。さらに，自分の気持ちを言葉で表出することにつながるよう，本人が学校で活動してきた様子の写真を見ながら，その場面に適した気持ちの言葉カードを選ぶ学習に取り組んだ。

❹──指導の工夫
　視写については，プリントに対し字が大き過ぎて最後まで書けなくなり，字を重ねたり余白に書いたりして，書いた字が読めなくなることがあった。そのため，行に沿って適当な大きさで書けるようにマス目を付けた用紙を用意した。気持ちに適した言葉カードを選ぶ学習では，写真の表情や様子から判断しやすいと思われる「楽しい」「うれしい」「おいしい」の三つに絞って選択するようにした。興味をもって取り組めるように，アルバムの写真を見ながら，何をし

ている場面なのか本人とやりとりすることで，正しいカードを選ぶようにした。

❺──指導の実際

〔1〕コメントを視写する

　用紙を工夫して視写する学習を繰り返したところ，言葉掛けや指さし等の支援なく一人で取り組めるようになった。しかし，2学期までの学習に比べて視写する文字数が増えたため，線が細くて読みづらい文字を書いてしまうという課題が出てきた（写真1）。そのため，書き方鉛筆（6Bで太めの三角鉛筆）を使用したところ，太い線の読みやすい字になり（写真2），余分な力を抜いてこれまでよりも背筋が伸びたよい姿勢で学習に取り組んだ。また，タイトルの手本と一緒にその活動のときの写真も用意したことで，写真を見ながら「運動会」と言って笑顔で視写するなど，楽しそうに取り組むようになった。

写真1 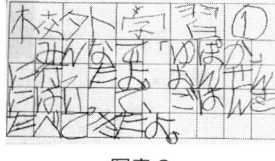　　　　写真2 　　　　写真3

〔2〕写真を見ながら，その場面に適した気持ちを選ぶ

　食事をしている写真を提示して「カレーうどんは？」と尋ねると，言葉カードを手に取って「おいしかったです」と言葉で答えるようになった（写真3）。「おいしい」という言葉は正確に選んだが，「楽しい」と「うれしい」の言葉の違いが難しく答えられなかったため，目標設定を再検討する必要があった。

❻──児童の変容

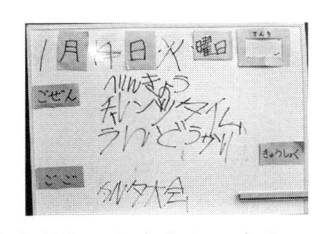

　本単元の終わりでは，ほとんどの片仮名の読み書きができるようになった。学校生活で使われる「会」や「遊ぼう」など読める漢字が増えた。日程を書く係の仕事では，教師が言葉で伝えると，平仮名や片仮名，漢字を使い分けて書くようになった。また，運動中に暑いと感じたときに「暑い」と教師に伝えたり，自分で上着を脱いだりするようになるなど，自傷行為などが減った。

〈八鍬　洋祐〉

特別支援学校 金銭の理解

1 ◆ 児童の実態

G児。知的障害を伴う自閉症。男子。

100までの数の順序数は理解できているが、10までの数の合成と分解の意味は理解できていない。繰り上がりのないたし算、繰り下がりのないひき算を時折間違える（正答率約75％）。1円、10円、100円の硬貨の実物及びイラストを見て、それぞれを答えることができるが、複数の金種が混ざると、金額を答えることが難しい。数字の計算とお金の計算が結び付いていない（誤答例：5＋1＝6の計算はできるが、5円と1円で51円と答えてしまう）。

2 ◆ 指導目標

・実際のお金を見て、1円、5円、10円、50円、100円、500円の硬貨の金種を答えることができる。
・10までの数の合成と分解ができる。
・提示された金額を、数種類の金種を組み合わせて構成することができる。

3 ◆ 指導計画

算数の中で行う個別の課題学習における算数の指導場面。期間は8か月間で、1回（約10分間）×全72回行った。

4 ◆ 指導の工夫

今回の指導のポイントをまとめると、次の3点である。

	課題設定	工夫点、留意点
①	金種の理解課題	フラッシュカードの活用。
②	数の合成と分解課題	計算力と金銭理解を結ぶ工夫：「5＋1＝6」は簡単にできるが、5円と1円で「51円」と答えてしまっていたG児の実態を考慮して取り組んだ課題。計算ではできるがお金になるとわからなくなる場合の指導として、まず5を基準とした数の合成と分解の理解定着を図ることが大切であると考えた。

| ③ | 金種組み合わせ課題 | 見本マッチング方式の活用：実際に具体物を操作することで，G児の注意集中を持続させることもねらって取り組んだ。 |

5 ◆ 指導の実際

〔1〕金種の理解課題

フラッシュカードを用いて，1円，5円，10円，50円，100円，500円（6種類）のイラストを見て，「～円」と口頭で答える課題を行った。

〔2〕数の合成と分解課題

「あわせていくつ？」（写真1），「いくつといくつ？」（写真2）のプリント学習を行った。

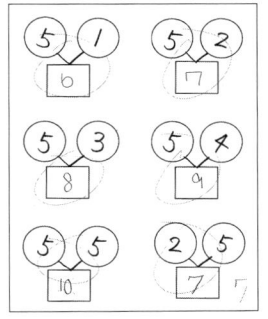

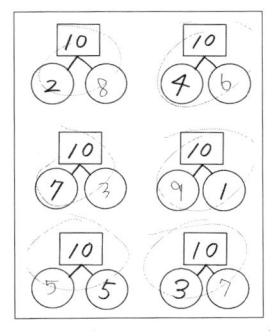

写真1　「あわせていくつ？」　　　写真2　「いくつといくつ？」

〔3〕金種組み合わせ課題

1円と5円と10円（擬似）を使って，指導者が提示した金額と同じ金額を組み合わせる課題を行った。

6 ◆ 児童の変容

「金種の理解課題」では，それぞれのイラストを見て金種を答えることができるようになった。「数の合成と分解課題」では，10までの数の合成と分解を理解し，20までの数も10といくつ（例：10と2で□，12は10と□，12は□と2）の質問に答えることができるようになった。「金種組み合わせ課題」では，「1円5枚と5円1枚が一緒であること」「1円10枚と10円1枚が一緒であること」「5円2枚と10円1枚が一緒であること」「1円5枚・5円1枚と10円1枚が一緒であること」が理解できるようになった。

〈河場　哲史〉

特別支援学校 いっしょにおどろう　うたおう　ならそう

❶──児童の様子

　H児。小学部2年，男子。自閉症が疑われる。音楽は好きだが，初めてのことや慣れないことへの不安が強いため，スムーズに活動に取り組めないことがある。

　I児。小学部2年，男子。自閉症。理解力が高く，意欲的に活動に取り組むことができるが，自信がないと気分が落ち込み，集団の中で力を発揮できないことがある。

❷──指導目標

【H児】・繰り返し取り組むことで曲に親しみ，好きなフレーズを歌ったり，振り付けの一部分を踊ったりすることができる。
　　　・教師の合図に合わせてトライアングルを鳴らし，友達を意識して音の響きを一緒に楽しむことができる。
【I児】・教師の手本や友達の活動を見て，歌詞や手遊びを覚え，友達の前で自信をもって発表することができる。
　　　・全体のリズムに合わせてトーンチャイムを演奏することができる。

❸──指導計画

　音楽の時間に歌唱「まつぼっくり」，身体表現「ドンスカパンパン応援団」，器楽「きらきらぼし」を行う。歌唱や身体表現では，友達と一緒に歌ったり身体を動かしたりする楽しさを味わえるようにする。器楽では，グループごとの練習や，全員での簡単な合奏で互いの音の響きを感じられるようにする。

❹──指導の工夫

　自閉症のある児童にとって，見通しをもてるようになることや，「成功体験」を積み重ね自信をもつことは，安心して活動に取り組むために特に重要である。視覚優位のH児には，めあてや流れカードの提示，歌詞カードやリズム譜，ペープサートなど，できるだけ視覚的な教材を活用した。I児には，歌唱や身体表現でみんなの前で発表し認められる場を設定したり，グループに分かれての楽器の練習を繰り返し行ったりすることで，活動への意欲や自信がもてるよう

心掛けた。楽曲は，低学年という年齢を考慮し，簡単な旋律の曲，繰り返しのリズムやメロディのある曲，リズミカルで楽しい雰囲気の曲を選定した。

❺──指導の実際

［1］聴いてみよう　歌ってみよう　鳴らしてみよう

その曲が児童にとってより親しみやすくなるかどうかは，教師の表現力や観察力によるところが大きい。小道具を付け大きな振り付けで表現したり，表情の変化を付けながら歌ったりするなど，児童一人一人の反応を見ながら「わかる授業，楽しい授業」を心掛けた。楽器の導入では様々な楽器を好きなリズムで鳴らす活動を取り入れ，音色の違いに気付けるように発問した。

［2］曲の雰囲気を味わおう

「まつぼっくり」の歌唱では，歌詞に登場するサルの耳やしっぽ，実物の大きなマツボックリ等を用意した。「ドンスカパンパン応援団」では一人一人が作った手作りマラカスや応援団の衣装を使い，楽しい雰囲気を演出した。

［3］グループごとに練習して，みんなで音を合わせる楽しさを味わおう

器楽では発達段階や興味・関心に合わせたグループごとの練習に取り組んだ。H児のグループは簡単なリズム譜を提示し，教師の合図を見ながら練習した。I児のグループはトーンチャイムの練習をした。一音ずつ色分けしたドレミ譜を提示し，自分の色＝音が意識できるようにした。

❻──児童の変容

視覚的な教材を様々な場面で活用したことで，H児は文字を大きな声で読んだり，挿絵やペープサートに注目したりする等，活動に気持ちを向け，見通しをもって取り組むことができた。楽器では大好きなトライアングルを担当した。グループごとに十分練習したことで，徐々に「♩n♩n」の休符を意識して友達と一緒に鳴らすことができた。

I児は初めは消極的であったが，教師の手本や友達の活動の様子を見て，徐々にやりたい気持ちが高まり，自分から前に出て身体表現することができた。合奏では，I児が鳴らす音のドレミ譜を手元に置いたことで，友達の音も聴きながら正確に演奏することができた。

2人とも，友達や教師と音楽の楽しさを共有し，一緒に活動することの満足感や充実感を経験することができた。

〈糸川　雅美〉

特別支援学校 紙版画をつくろう（節分の「鬼」の顔）

❶──児童の様子
　J児。小学部6年生，男子。新版K式検査の結果は，全領域（「姿勢・運動」「認知・適応」「言語・社会」の3領域）42（小学4年生時）。自分の思いどおりにいかなかったり失敗したりすると，教室の床に寝転ぶ等，不適切な行動を取る。物を作る，作業することが好きである。自分でどんどん作業を進めてしまい，色を重ね過ぎてしまうとき等に仕上げた画面を壊してしまうことがある。

❷──指導目標
・紙版画のやり方を知り，手順に沿って最後までやり通す。

❸──指導計画
・紙版画のやり方を知り，「鬼」の顔の版をつくる。
・版を刷る。完成した友達の作品を見合う。

❹──指導の工夫
・紙版画の制作過程（下絵－版づくり－刷り）がわかるよう，デジタルカメラで制作途中の場面を撮影し，写真を見せる。
（例）

版をつくる	インクをのせる	刷る

・友達の制作途中の様子がお互いにわかるよう，机を円状に配置する。
・制作に行き詰まったり，やり過ぎてしまったりしないよう，途中で話し掛け，様子を見る。

❺──指導の実際
〔1〕紙版画のやり方を知り，「鬼」の顔の版をつくる
・導入の段階で，紙版画の制作過程ごとに撮影された写真を，一通り説明しな

がら大画面テレビで見せた。その際,「はんをつくる」「はんにインクをつける」「紙をのせ,する」という言葉は黒板に板書し,制作の流れがわかるようにした。
- テレビに映し出されている完成した参考作品の写真は,説明が終わり次第画面を消し,自分のイメージで制作できるようにした。
- 制作に行き詰まって長い間手が止まっていたり,やり過ぎて作品の画面を壊しそうになったりした場合は,「質問ある？」「仕上がった？」等,さりげなく言葉を掛けた。できるだけ短い言葉掛けをして,後は様子を見た。

〔2〕版を刷る。完成した友達の作品を見合う
- インクを付けた版の置く位置が視覚的にわかりやすいよう,刷る和紙と同じ大きさの台紙を用意した。その台紙の中央に,版と同じ大きさの枠を描いておき,インクをのせた版の置く位置がわかるようにした。
- 全員の作品を黒板に掲示し,一人ずつ自分の作品についての感想（がんばった,工夫したところ等）を発表した。発表後,児童の言ったことを受け止め,教師からも作品のよさを伝えた。

❻ 児童の変容

- 本児は,作業の先が見えないと不安定になったり,やり方を失敗したりしまいがちだった。今回は,紙版画の制作過程を事前に写真で見たり,制作手順の板書が残してあったりすることで先を見通すことができたので,失敗することなく落ち着いて制作できた。
- 普段の学習や生活の際,横並び二列で配置していた机の配置を円状にしたことで,制作途中で周りの友達の様子を見ながら制作できた。

〈入澤　徹〉

特別支援学校　ミニミニ運動会をしよう

❶──児童の様子
　K児。小学部2年生，男子。人なつこく，自分から人に話し掛けることが多い。言葉でのやりとりを好むが，自分の興味・関心のある言葉を繰り返し発することが多く，会話にならないこともある。友達と一緒に遊ぼうとするが，ルールを意識せずに自分のやりたい動きで遊びを進めることが多い。体の動きは滑らかでないが，体を動かす活動は好きで，楽しんで取り組む。

❷──指導目標
・簡単なルールを守って楽しく体を動かす。
・友達と協力して運動を楽しむ。

❸──指導計画
　課題別学習の体育の時間（課題別学習は午前中。体育は月曜日に固定している）に行う。
　毎日の日課にマラソンの時間（体力づくり）があるため，体育の時間では集団ゲームや体の使い方を主なねらいとして取り組んでいる。

❹──指導の工夫
・繰り返し取り組むことで活動に見通しをもち，競技を通して友達との楽しさを味わえるよう，全員が参加できる内容とする。
・「待つ，応援する姿」も得点対象とすることで意欲を高める。
・関心・意欲の喚起継続のため，得点差が開き過ぎないようバランスを考慮したチーム分けをする。

❺──指導の実際
〔1〕ミニミニ運動会ってなんだろう
　ボール転がし，ミニ綱引き，満水リレーの3種目に取り組んだ。初めに教師の示範を見て，動き・ルールを確認した。初めての動きもあるため，教師がそばについて動きの見本を見せたり支援を入れたりしながら行った。個々の活躍できる場があるように，競技の得点だけでなく，並んで待っている姿や応援している姿のよかったチームに得点が入ることを伝え，勝敗を決めた。

〔2〕ミニミニ運動会を楽しもう

ゴールのめやすになるものを大きいサイズや見えやすいものに替え，教師の立ち位置（支援の言葉掛けをする教師を1人とし，他は目立たない場所にいる）を工夫することで，自分で取り組み，できた喜びを感じられる環境をつくった。また，待っているときや応援しているときでよい姿を取り出して褒めることで，競技だけではない部分にも意識を向けられるようにした。

〔3〕チームで協力しよう

チームごとにリーダーを決め，順番決めなどチームごとに工夫する時間を取った。自分たちが納得して取り組むことで，活動に向かう意欲が高まる環境づくりを行った。待つ姿勢や応援する姿を，近くにいる教師がそのとき・その場で「いいね」と伝えることを意識した。

❻——児童の変容

K児は，初めは勝敗などの意識はなく，自分のやりたいようにボールを転がし，あちこちに転がったボールを追い掛けていた。自分の番が終わると他に意識が向き歩き回っていたが，最後にチームが勝ち，友達や教師と喜んだことで「勝ってうれしかった」と楽しそうな表情を見せた。

次の時間には，友達が上手にボールを転がし，「上手」と言われる姿を見て，「Kもできるよ」と速く転がすことへの意欲を見せた。友達の姿からどういう動きをすると速くなるのを意識し，手を添えて自分とボールの距離を意識しながら転がすようになった。自分でも上手に運べた手応えがあったためか，顔を紅潮させて「どう？上手だった？」と周りの教師に尋ね，「上手に転がせたね」と褒められると，「K，上手」と自分で何度も口にして喜びを表していた。また，順番を自分で決めたことで，自分の番になるまで友達を応援し，意識が途切れることがなかった。

ボール転がしに満足したことで，友達を応援する教師の声に合わせて「がんばれ」と大きな声を出す姿も見られるようになった。その姿を認められたことで，さらに張り切って取り組む姿が見られた。活動の終わりには「またやりたいね」と満足感のある表情を見せ，意欲ある取組の姿が見られた。

〈藤松　ふみ〉

[特別支援学校] **お掃除は僕におまかせ！**
～手順表を手掛かりに，掃除に一人で取り組もう～

❶──児童の様子
　L児。小学部5年生，男子。平仮名と片仮名を読むことができる。文字や写真で示されたスケジュール表や活動手順表を手掛かりに，落ち着いて活動する場面が増えてきた。

❷──指導目標
・手順や気を付けるポイントが文字や写真で示された活動手順表を手掛かりに，洗面台拭きや廊下掃除などの担当箇所の掃除を一人で行うことができる。

❸──指導計画
① 使用する道具，掃除の活動手順，気を付けるポイントなどを確認しながら，教師と一緒に活動する。生活単元学習「お手伝いをしよう」の時間で，フローリングワイパー（以下，「ワイパー」）の掛け方，洗面台の掃除の仕方などの学習を並行して行う。
② 文字や写真で示された活動手順表を手掛かりに，担当箇所の掃除を行う。一定期間一つの掃除を行い，その後，週替わりで活動する。

❹──指導の工夫
　掃除の活動の選択については，保護者と相談し，家族や周りの人から喜ばれ，家庭でのお手伝い活動とすることができる活動の中から選択した。L児が担当箇所の掃除の一連の活動を一人で行うことができるように，道具，手順，気を付けるポイントなどを文字や写真で示した活動手順表を使用した（右図）。

　意欲的に活動できるように，活動手順表には自己評価の欄を設け，丸の数で目標が達成できたか確認できるようにし，活動前や活動後，教師と一緒に気を付けるポイントや目標を確認したり振り返りを行ったりした。

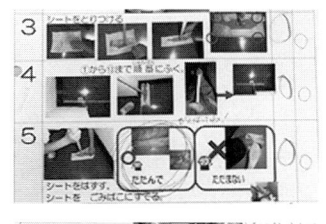

❺ 指導の実際

〔1〕教師と一緒に活動手順表を確認しながら掃除をする

　廊下掃除では，ワイパーへのシートの取り付け方，ワイパー掛けの仕方などがわかりやすいように文字や写真を用いた活動手順表を示し，教師と一緒に確認しながら活動を行った。ワイパーを掛ける順番や動かす方向がわかるように，廊下の床面には，数字やワイパーの幅に合わせたテープ，方向を示す矢印を貼った。活動を終えるごとに，L児が丸を付けて確認し，活動手順を自分で確認して行うことができるようにした。活動の最後に，活動手順どおりに確実に掃除を行うことができたかL児と一緒に教師が確認を行い，称賛することで意欲的に活動に取り組めるようにした。洗面台掃除についても，同様に，視覚的に活動手順などを示し，教師と一緒に確認しながら活動を行った。

〔2〕活動手順表を手掛かりに一人で担当箇所の掃除を行う

　必要な道具や活動手順などを概ねL児が理解できた段階で，徐々に言葉掛けなどの支援を減らしていった。L児の活動が止まったり，わからず困っていたりする様子が見られた際は，活動手順表を確認するように促したり，正しい行動を示したりした。また，時間を意識して活動できるように，タイマーも使用した。L児が活動手順表を手掛かりに一人で掃除を行うことができた段階で，廊下掃除と洗面所掃除を週替わりで行い，活動の定着をさらに図った。

❻ 児童の変容

　当初，教師の言葉掛けを待つ様子や活動が止まりがちな様子が見られたが，活動手順表の見方，意味などを理解すると，活動手順表を自分から確認し，「3番，〜する」と文を読み上げ，素早く掃除に取り掛かる様子が見られるようになった。また，担当箇所以外の掃除の場面で，床面にテープなどのマーキングが貼られていなくても，ワイパーを上手に扱い隙間なく順番に掛けていく様子も見られるようになった。家庭においては，自ら洗面台のシンクをスポンジでこすったり，ワイパーを出してきて階段や廊下を掃除したりする姿が見られるようになった。

〈中林由利子〉

特別支援学校 なかにわであそぼう

❶ 児童の様子
　知的障害部門小学部1年生は16名で，そのうち半数近くの児童が自閉症と診断されている。その中でも，簡単な音声言語の理解や表出が可能な児童や，自発的な言葉で表出し簡単な指示理解が可能な児童，有効な音声言語はほとんど見られないが，クレーン等の直接的行動で表出をする児童がいる。
　彼らは，入学当初，学校の環境に慣れず，集団活動の場面では，その中に入ることができなかったり，遊びの場面では，遊具を占有しようとしたり，歩き回ったり，物集め等をしたりするなどして一人で遊ぶ様子が見られた。

❷ 指導目標
・中庭で好きな遊びを見つけ，体を使って自ら遊ぶ。
・教師や友達とかかわりながら遊ぶ。

❸ 指導計画
　1年生全体で，日課表で帯状に設定されている遊びの指導の時間に，外遊びに適した天候のよい日に，中庭で遊ぶ。

❹ 指導の工夫
・年間指導計画の中に，中庭を利用した運動遊びや，大型遊具遊び，砂やシャボン玉遊び，また水や雪など季節の遊びを取り入れる。
・学年の教師で「遊びの指導」の時間について綿密な打ち合わせを行い，活動場面での指導目標を共通理解する。
・教師は，児童の自由な活動を尊重し，安全に配慮しながら活動を見守り，教師も自ら遊んで，遊びに誘ったり，新しい遊びを示したりする。

❺ 指導の実際
〔1〕好きな遊びを見つけて自ら遊ぶことを目指して
　児童が教師の誘いを受けたり，教師や友達と一緒に活動したりできるように支援することで，児童が，いろいろな遊びを経験していくことを期待した。そのために教師は，児童が関心をもっている遊具や運動遊び等で児童と一緒に遊んだり，他の授業等で経験したことを取り入れた遊びを児童に示したりした。

それを繰り返すうちに，大型遊具を触り続けて遊んでいた児童が，教師と一緒にシーソーで遊ぶようになり，木の枝集めをしていた児童が，教師や友達と相撲ごっこやかくれんぼをして遊ぶようになった。舗装路を歩き続けていた児童が図工で製作した凧を持ち，凧揚げをしながら中庭を走るようになった。また，砂遊び道具を砂場に多量に持ち運んでいた児童が，毎回の後片付けのときに全部片付けるような言葉掛けを受けていくうちに，自分が使うだけの道具を運んでくるようになった。

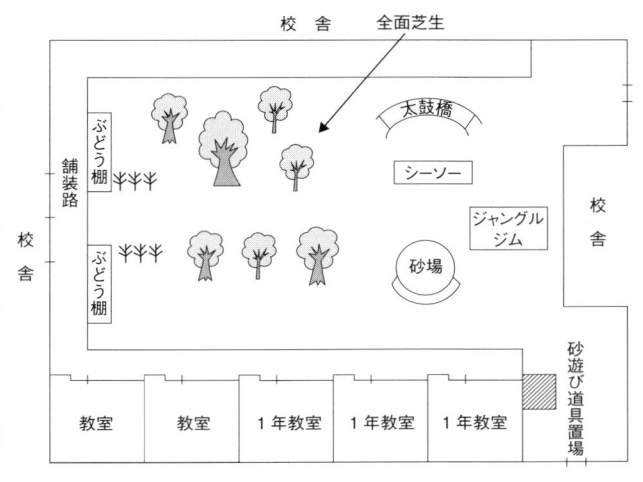

〔2〕**教師や友達とかかわりながら遊ぶことを目指して**

　教師は，児童の自由な遊びを見守りつつも，児童が人とかかわって遊ぶことを目指して，他の学級の児童とも一緒に遊んだり，複数で活動する遊びに誘ったりした。例えば，2～3人が自然に集まり，一緒に歩いたり走ったりしていた児童に，教師が，かけっこ遊びを促そうと「よーいどん」と声を掛けると，それを模倣して児童同士で合図を言い合い，みんなで走って遊ぶ様子が見られるようになった。また，鬼ごっこでは，学級の枠を超えて児童だけで鬼役を決めて遊ぶ様子が見られた。また，教師に誘われてシーソーに乗っていた児童が，自ら他の学級の教師をシーソーに誘うようになった。

❻──児童の変容

　学年半数あまりが自閉症である学習集団であったが，1年生の児童と教師が一体となり，外で体を思いきり動かして遊ぶことによって，個人の遊びに変化が見られたり，友達や教師に自らかかわりをもとうとしたりするようになった。

〈田中　珠美〉

特別支援学校 お店屋さんをしよう

❶ 児童の様子

　小学部4年生2名，6年生1名の学級である。3名とも男子児童で，広汎性発達障害の診断を受けている。それぞれ，人とかかわることは好きであるが，かかわり方が不適切であったり一方的であったりすることが多く，個別の支援が必要である。

❷ 指導目標

・お店屋さんを通して，いろいろな人と物や言葉のやりとりを経験する。
・自分の役割がわかり，見通しをもって取り組む。

❸ 指導計画

　5～6月上旬には，自分たちで作った物を家族や自分で選んだ教師にプレゼントする活動を行った。6月中旬から7月に，注文を受け商品を作り，配達してお金をもらう活動，9～10月には，商品を作り，お店屋さんとして販売し，売上金で好きなお菓子を買う活動を行った。

❹ 指導の工夫

　活動の見通しがもてるように，児童が見てわかる授業の活動カード，タイマー，商品作りの補助具（セロハンとあめを置く位置がわかる台紙，手順表，相手の顔写真やメッセージカード，値札）などを使用した。商品作りは，あめなどのお菓子を簡単にラッピングしてキャラクターに見立て，楽しく行えるようにした。また，売り手になることを意識できるように，お店屋さんをするときにはっぴを着用し，台詞カードを使ってやりとりの練習を繰り返し行った。1回の授業の中で，「物を作る→物を売る→お金でお菓子を買う」活動を連続して行った。

❺ 指導の実際

〔1〕「さかなアメ」を作ろう・プレゼントしよう

　「さかなアメ」は，あめをセロハンで包んでしっぽのところをねじり，シールで目を付けた。「さかなアメ」2個とシュレッダーにかけた色紙を袋に入れ，

相手の顔写真やメッセージなどを貼り付け，プレゼントを完成させた。袋に貼った写真やメッセージを手掛かりにして台詞の練習をし，プレゼントを渡しに行った。

〔2〕「さかなアメ」を作ろう・配達しよう・駄菓子屋に行こう

　注文票で注文を受け，「さかなアメ」を配達した。財布を持って行き，売上金を財布に入れた。配達が終わると，教室隣に開店した駄菓子屋に行き，売上金で好きなお菓子を購入した。「さかなアメ」は1袋10円で3袋配達し，駄菓子屋のお菓子も売上金で買うことができる金額に設定した。お金が余ったら貯金し，次回も使えるようにした。

〔3〕「くまちゃんゼリー」を作って売ろう・駄菓子屋に行こう

　ゼリーをセロハンで包み，2個ずつ袋詰めを行い，3袋作った。作製後，はっぴを着て財布を持ち，開店準備を行った。「いらっしゃいませ」と呼び込みし，お客さんが来たら，「20円です。どうぞ」とやりとりを行った。それぞれ自分の商品を売った後，駄菓子屋に行ってお菓子を購入した。文化祭でもお店屋さんを開店し，知らないお客さんにも商品を売る経験ができた。売上金を使って買物やゲームをした。

⑥──児童の変容

　プレゼントから配達する活動に変わったときに，お金の受け取り忘れが目立ったので，商品を換え，対面販売を行うことにした。対面販売にすることで，商品を売る活動に集中できるようになり，商品を渡しお金を受け取ることが身に付いた。また，児童2名は，台詞カードを手掛かりに，教師の指示がなくてもお客さんとのやりとりができるようになり，他の児童1名は，台詞カードとは違う自分の言葉でやりとりができるようになった。駄菓子屋でも，買い物の場面で順番待ちや表示された金額の硬貨を出すなどの学習を経験し，毎回の授業で児童の変容が見られた。お店屋さんを開く活動を通して，好きな教師に会えることや喜ばれたり褒められたりすること，受け取ったお金でお菓子を買えることなど，それぞれが楽しみをもって活動を行うことができた。

〈駒野　典子〉

特別支援学校 ゆらゆらハウスに行こう
〜体つくりを中心に〜

❶──児童の様子

　M児。小学部2年生，男子。座位では姿勢を正していすに座り続けることが難しく，すぐにいすから滑り落ちて床に寝転んでしまう。立位では1か所にとどまっていることが難しく，ふらふらと動き回る。歩行は爪先立ちで歩き，何も障害物がないところでも突然転倒することがある。アセスメントにおいて感覚統合検査（JSI-R）を実施した結果，「動きの感覚（前庭感覚）」のスコアが「RED」で，感覚刺激の受け取り方に偏りの傾向が推測される状態であるとわかった。

　そこでM児の課題は，前庭覚の未発達による筋緊張の低下があるためではないかと推測した。前庭覚や固有受容覚に働き掛ける自立活動（環境の把握や身体の動き）を踏まえた活動を多く取り入れた「体つくり」を行うことで，それらの課題を少しずつ改善できるのではないかと考えた。

❷──指導目標
・楽しみながら体を動かすことができる。
・体幹の保持やバランス感覚を高めることができる。

❸──指導計画

　導入として，学年全体で行う生活単元学習において，「ゆらゆらハウスに行こう」という単元を設け，平均台，ハンモック，バランスボールなどを使った活動に集中的に取り組むように計画をした。

　また，そこで培われた力をより日常生活に生かし充実できるように，朝の日常生活の指導の時間を利用して，継続的に運動する機会を設けるようにした。

❹──指導の工夫

　小学部2年生という年齢を考えて，訓練的に指導を繰り返すのではなく，児童が「楽しい」「もっとやりたい」と思える活動場面をたくさん用意し，主体的に取り組むことができる環境設定をするように心掛けた。また，学年単位，学級単位，個別の指導と活動内容によって集団の大きさを変え，あるときは集団の力で意欲を引き出し，またあるときは個別で丁寧に活動を確認するなど，

より効果的な指導ができるように配慮した。

❺ 指導の実際

〔1〕生活単元学習の中で〜ゆらゆらハウスに行こう〜

それぞれの活動は，児童の好きなヒーローが登場するストーリー仕立てにすることで，活動に対する児童の意欲を高めるように工夫した。平均台は普通に渡ったり，ものを持って渡ったりするのはすぐにできるようになったが，ものを持って障害物をまたぐなどの複合的な課題はかなり苦戦をしていた。ハンモックは仰向け，腹這いの姿勢でリラックスして乗ることはすぐにできるようになった。慣れてきたところで，腹這いの姿勢でボールを持ち，揺れを利用してかごに投げ入れる活動を行ったが，コツをつかんでさっとできるようになった。

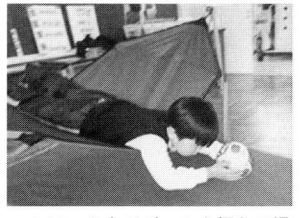

ハンモック上でボールを扱うM児

〔2〕日常生活の指導の中で〜朝の会・朝の運動等〜

日常的にバランス感覚を養うために，いすの代わりにバランスボールを使い，朝の会に参加するようにした。初めはボールから転がり落ちてしまうことも多かったが，しだいに背筋を伸ばして体幹をしっかりと安定させることができるようになり，座る時間が長くなっていった。また，朝の運動では，天井から吊るしたボールをトランポリンで跳ねながらたたく活動に取り組んだ。初めは同じ場所で跳び続けることが難しかったが，回数を重ねることで体幹がぶれず，ボールをよく見て，狙って跳ぶことができるようになった。

バランスボールに座り朝の会に参加するM児

❻ 児童の変容

約6か月という長い期間をかけての取組で，M児が授業中に床に寝転ぶ姿はほぼ見られなくなった。また，苦手としていた，ゆらゆらと揺れる丸太のはしごを歩く遊具にも自ら取り組み，積極的に遊ぶ姿が見られるようになった。あまり物事に積極的でないM児が，「やりたい」と挙手して活動に取り組む姿が多くなり，体を動かすことは楽しいという意識が芽生えたようだった。

〈守田　健志〉

特別支援学級 おにぎりを作ろう

❶──児童の様子
　N児は、小学校1年生である。明るく素直な性格で、外で遊ぶことが大好きである。言葉による指示理解はできる。友達の言うことをよく聞いていて、「やってみよう」という気持ちになりやすい。一方で、思ったことをすぐに言う傾向があり、偏食がある等、新しい環境に慣れるまでに時間を要する。

❷──指導目標
・自分の好きな具材の作り方を選んで、おにぎり作りに挑戦する。
・友達と協力して洗い物をする。
・作ったものをおいしく食べる。

❸──指導計画
・1時間目：調理の班を知る。メンバー、役割、場所などを覚える。
・2時間目：おにぎり作りの手順を知る。
・3～4時間目：調理をして食べる、片付ける。

❹──指導の工夫
・「食品包装ラップで包む」「紙コップを二つつなげてシェイクする」など、ご飯に直接手を触れずに、おにぎりができる方法を提示する。方法にランク付けをせずに、それぞれのよさを明確に示す。
・事前の調査から、児童に人気の具材を用意する。
・おにぎりは2個作り、持ち帰ることもできることを事前に説明する。
・洗い物はペアで行う。スポンジに洗剤を付けて汚れを落とす役と、泡を洗い落とす役に分かれる。調理は年間10回行うが、年間を通して班は5～6人で編成した上で、洗い物を担当するペアは同じにし、場所も固定する。
・エプロンと三角巾は、自分でできる形態のもの（前で紐を結ぶ、前ボタン、白衣と同じ形、三角巾は後ろがゴムのもの、帽子の形など）を準備するよう保護者に呼び掛けている。ずっと同じ形態のものを使うのでなく、児童の実態に応じて変化させる。

❺──指導の実際

〔1〕おにぎりの作り方を調べよう

　本を見て，どのようなおにぎりがあるか知る。写真などから，作り方のポイントを読み取り，発表できるようにした。「こんなふうにしてるよ」と動作を付けて写真の真似をしていた。「なるほど。上手だね」と言って，全員がA児の真似をしていた。

〔2〕おにぎりを作ろう

　朝の時間を使って，1人ずつ米とぎを行った。お米を流さないよう慎重に水を切ることができた。手伝いの経験もあり，意欲的に取り組んだ。紙コップを選んでふりかけおにぎり，食品包装ラップを使って鮭のおにぎりを作った。自分ですぐに具材や方法を選ぶことができた。「○○先生，見ないで。自分で作るから」と言って自分で取り組む意欲が強く表れていた。同じ班の6年生が，ご飯や具が置いてある場所を教えてくれて，それを聞いて行動していた。

〔3〕今日の調理を振り返ろう

　ワークシートで，「手を洗う」「おにぎりを握る」「仲良く」の3点について，◎○△の3段階で児童自身が自ら振り返れるようにした。どの項目も○を付けていた。感想には，「手でおにぎりを，ラップで包んだのがよかったです」と書いていた。教師からは，「ラップを自分で広げて作れた」とあった。絵には，下の方に海苔のふりかけのようなものがたくさん付いている大きなおにぎりが一つ描かれてあった。

❻──児童の変容

　次の日に「おにぎりおいしかったね」と言って登校した。次回の調理の学習を楽しみにしていた。食の細いN児ではあるが，給食に出るご飯は，少しずつだが食べていて，茶碗に付いているご飯粒を集めてきれいにできる日が増えた。学習において，「うまくできた」という経験を多くすることで，生活全般がスムーズに進むようになった。

〈濱　亜紀子〉

〔参考文献〕
・土井善晴『日本のお米，日本のご飯』講談社，2009年
・服部幸應，服部津貴子監修・著『たのしいなおべんとう』岩崎書店，1998年

特別支援学級 ぼく・わたし　だいすき，ともだち　だいすき

❶──児童の様子

O児。広汎性発達障害と知的障害を併せ有する小学校1年生，男児。平仮名・片仮名の読み書きはできる。漢字は，大好きな電車に関するもの（駅名や標識など）は，難しいものでも読むことができる。初めての物事に対する不安が強く，見通しのもちにくい新しい学習が苦手である。自席を離れ教室の後方へ行って，遠巻きに友達の様子を見ていることも時折ある。文字を読むことができるが，自分で新しい絵本を読んで楽しむことはまだ難しい。

❷──指導目標

・本文や挿絵を手掛かりに，登場人物の行動や言葉，気持ちについて考える。
・友達と一緒に，劇あそびを楽しむ。
・お話の世界を楽しむ（絵本の中に自分が登場人物となって出てくるページをつくって楽しむ。この学習を通して，自分の好きなことや得意なことに自信をもったり，友達のよさに気付いたりする。自己肯定感を育む，はじめの一歩と位置付けた）。

❸──指導計画

初めに絵本の冒頭部分を担任劇で紹介する（全体学習）。その後，理解度を考慮した3グループに分かれ，場面ごとに読み進めていく。学習活動の中心は，読み聞かせ，音読，読み取り（吹き出し表現），劇あそびなど，グループ児童に合わせて行う。次に，グループの仲間と協力し，自分の「好きなこと・得意なこと」見つけを行う。各自が「ぼく（わたし）のページ」をつくり，絵本の中の1ページとする。最後に3グループ合同の全体学習で，お互いの「自分のページ」紹介（発表会）を行い，友達のよさについても気付ける場をつくる。

・教材名：マックス・ベルジュイス文と絵，清水奈緒子訳『かえるくんはかえるくん』セーラー出版，1997年

❹──指導の工夫

児童の好きな動物が出てくる絵本を教材として選ぶ。「にっこり」「がっかり」などの表情カードを用意し，気持ちと表情の関係に注目するようにした。また，

自分自身が登場する「ぼくのページ」をつくり，発表することで，絵本の世界をより身近に感じ，意欲的に学習に取り組むことができるよう工夫した。

❺ 指導の実際

〔1〕かえるくんとあひるさん

自分大好き・自信満々のかえるくん（主人公）と空を飛べることを自慢するあひるさんのやりとり場面。担任劇を見て，続きの学習を楽しみにしていた。

〔2〕挑戦するかえるくん，かえるくんとねずみくん

空を飛ぶあひるさんに憧れて練習するかえるくんが，1度目も2度目も失敗してしまい落ち込んでいる場面。ねずみくんとのやりとりの場面をかえるくんの表情（挿絵）や台詞に注目しながら読み進め，音読練習と劇あそびを行った。

〔3〕かえるくんとこぶたさん，「かえるくんと自分」のページ

空は飛べないけれど，ものを作るのが得意なねずみくん，世界一おいしいケーキを作れるこぶたさん，空も飛べないしケーキ作りも失敗するかえるくんの場面を読んで，「ねずみくんやこぶたさんのように，みんなにも好きなことや得意なことがあるかな？」と自分や友達のことを話題に話し合った。その内容を基に「かえるくんと自分のページ」をつくり，学習に入れ込んだことで，さらにこの物語やかえるくんが身近になり，次時を楽しみにしていた。

〔4〕かえるくんとのうさぎくん，かえるくん「ぼく，かえるでよかったよ」

落ち込み泣きじゃくるかえるくんに優しく言葉を掛けるのうさぎくんの場面。のうさぎくんの言葉に，自分が自分であることのよさを再発見したかえるくんの場面。登場人物の言葉や表情の変化に注目して，読み進めた。

❻ 児童の変容

文字を読んで理解するのが難しい児童でも，登場人物の表情に注目し「にっこり」とか「がっかり・かなしい」などに気付くことができるようになってきた。自分の得意なことを発表したり，友達の発表を聞いたりする時間を共有することで，お互いのよさを感じることができた。劇あそびでは，児童同士のやりとりの中で，葛藤しながらも自分の気持ちに折り合いを付けて，下学年の児童にやりたい役を譲ってあげるなど，友達を思いやる姿が見られた。

〈下鳥　美奈〉

通級指導教室 適切な自己理解のために 「こんなときどうする？」
～生活の中で遭遇する困った場面への対処法～

❶──児童の様子

P児。小学校4年生，男子。WISC-Ⅲの結果は平均域。言語性IQが低く，言葉による理解や表現の力に弱さが見られた。日常的には，周囲から一歩遅れて行動することが多い。決まった方法や一度経験した方法で問題を解決することはできても，よりよい方法を自分で考え出すことは苦手。在籍学級担任からも，言葉によるコミュニケーションの難しさが挙げられている。通級指導では，P児が表出する言葉を文に言い換えたり，選択肢を示して言葉を選ぶなどの支援を行ってきた。その結果，通級指導中の本児は自然な会話ができるようになってきている。行動を振り返る学習では，できたことは自信をもって伝えられる一方で，自分にとって伝えにくいこと（宿題忘れや，やり残した課題をためることなど）は黙ってしまうことがある。

❷──指導目標

・具体的な行動上の問題を解決する方法を考え，実行することができる。
・状況に応じたコミュニケーション能力の向上を図る。

❸──指導計画

週1回1時間の通級指導を行う。内容は主に以下の二つ。
① 1週間の振り返り等，言語コミュニケーション力の向上を目的とした課題
② 国語，算数，音楽，運動課題等の教科の補充指導

❹──指導の工夫

・本児なりの表現を肯定的に取り上げるなど，本児が話しやすい関係づくりに努めた。→関係づくり，学習中の雰囲気づくり
・保護者や学級担任からの情報を基にして，本児が日常的に経験している，または経験しそうな場面を取り上げた。言葉で十分にやりとりしながら，場面に合った適切な行動や言動を考えられるようにした。→「こんなとき，どうする？」
・よりよい対処法が見つかった場合は，記憶に留めるために，短文にまとめる，標語やキーワードをつくる等の手段を採った。→表現方法の工夫

❺──指導の実際

〔1〕自分の姿を客観的に振り返る

毎週，同じ項目を使い，1週間の行動を客観的に振り返る指導を行った。持ち物の管理，宿題を含めた提出物等，在籍学級での生活にかかわる項目での自己評価を継続した。また，「うれしい・たのしい」「くやしい・かなしい」「こまった」の3項目に当てはまる出来事を想起し，そのときの気持ちを言葉でやりとりした。がんばったことを自信をもって発言できるようにするために，「今週のがんばり賞」を設定し，自分のよさに目を向けられるようにした。

〔2〕場や相手に合わせた対応の仕方，話し方を考える

学校生活や日常生活のある場面で，P児が遭遇した困った場面を学習に取り上げた。日頃の自分の姿をとらえることができたか，また，その場でどのように行動したか（行動すればよかったか）を言葉で表現するようにした。できずに困った場面だけではなく，対応がうまくできた場面も取り上げて話をすることにも心掛けた。特に，わからないとき，困ったときの適応行動（伝え方，援助の求め方）を理解して実践に移せるようにしたいと考えた。

〔3〕短い言葉にまとめ，記憶に留める

生活での注意点や改善点を短い言葉や標語にまとめ，記憶に留めるようにした。例えば，教師が「宿題は……」と最初の語を言うと，続けて「持って帰ってやってくる」とP児が言うので，それを付箋に書き留めて毎週確認した。何回か続けると，最初の語を言っただけで，次の語が出てくるようになった。

❻──児童の変容

1週間の振り返りの時間は，P児が書いた事柄を基にしてやりとりを続けてきた。話がわかりにくいときには意図的・計画的に介入し，言葉を引き出すようにした結果，会話が続くようになった。P児自身，会話中に教師の表情や態度から通じていないと気付いたときには，自ら言葉を付け加えるようになった。同じ項目での毎週の振り返りは，P児の意識付けになると同時に，できた・できないがわかりやすく，できたときには自信をもって報告できるようになった。

また，行動の改善を促したいときに活用した標語などは，時折話題に出すことで，「もう大丈夫」「まだ気を付けないと」等，自身の行動を見直す機会となることもあった。

〈黒田　紀子〉

通級指導教室 相手の考えを読もう

❶ 児童の様子

　Q児。小学校6年生，男子。通常の学級に在籍。週に1回，5時間（個別指導2時間，小集団指導3時間），通級指導教室で学習している。知的な発達に遅れはなく，学年相応の学習内容を理解できている。先の見通しがもてないことに対しての不安が強く，納得できないことがあるとパニックに陥る。言葉を字義どおりにとらえる傾向が強く，日常生活のルールに厳格。日々の出来事や学習の中で出会う事象など，すべてに対して，自分が納得できる答えが得られないと情緒的に不安定になってしまう。

❷ 指導目標

・自分自身の感情の変化を客観的に知り，気持ちが変化することを受け入れられるようにする。
・目に見えない人の感情について考えることができるようにする。
・人の行動の目的や意図について想像できるようにして，場面の状況の理解を深められるようにする。

❸ 指導計画

　【第1段階】個別指導で，学校での出来事や自分が経験したことを振り返る学習を行う。その中で自分の感情を意識し，感情が変化して一定ではないことを客観的に理解できるようにする。合わせて，自分自身の特性について客観的に知るための学習を，ワークシートなどを用いて行う。

　【第2段階】教師と対戦型のゲームを行う中で，相手の戦略や考えを想像する機会を多く経験し，人の考えを想像する楽しさを味わえるようにするとともに，自分の想像が当たってゲームに勝つなどの成功体験を積み重ねる。

　【第3段階】小集団指導で，同年代の児童同士で様々なコミュニケーション場面を経験し，相手の立場に立って考えたり，人の気持ちを考えて行動したりする経験を積み重ねる。

❹ 指導の工夫

・対戦型ゲームは，相手の心理を読んだり，言葉のやりとりで相手の考えを探

ったりすることができるようなものを取り上げる。
- 会話の中から相手の考えを読み取ったり，相手を揺さぶったりする見本を意識的に行って，ノンバーバルなコミュニケーション場面で着目すべき情報を伝える。
- 目に見えない心理的なやりとりをあえて言葉にして解説することで，情報の意味に気付けるようにする。

❺ 指導の実際

〔1〕感情の変化に気付けるようにする

毎週の個別指導で，1週間の出来事を振り返って話をする時間を設け，学校や家庭での生活，経験したことを振り返って説明した。その時々に自分が感じた気持ちを表現することで，気持ちを表現する語彙を増やしていった。

また，1週間の表（時間ごとに区切られている二次元の表）を見て，○曜日の○時頃はどんな活動をしていて，そのときの気持ちはどうだったかを尋ねて，気持ちを表す言葉を表に入れていった。そうすることで，気持ちがいつも一定でないことや，短い時間に変化することなどに気付けるようにした。さらに，自分の感情が大きく揺さぶられる出来事の傾向に気付けるようにしたり，穏やかに過ごせる環境や条件を意識したりすることができるようにした。

〔2〕対戦型ゲームで相手の心理を読む

教師と一対一の対戦型ゲーム（論理的に考えることで勝敗が決まるゲーム）で勝ち負けを競った。対戦しながら，教師が積極的に相手の手の内を探るような言葉を掛けたり，教師の思考パターンをあえて口にしたりして，目に見えない情報に注目させ，心理戦の楽しさを教えていった。

〔3〕児童同士の相談を経験する

小集団指導の中で，ゲーム的な活動を二人組で行い，相談したり，協力したりして勝つ経験を積み重ねた。

❻ 児童の変容

目に見えない人の意図や感情に関心を向けることができるようになり，通常の学級の集団場面での状況理解が深まり，行動が格段に安定した。日常的なパニックも減少し，情緒的に安定して生活できるようになった。

〈有澤　直人〉

= Column =

ICT の活用

　近年，ICT機器を教育現場に導入する動きが目立つようになってきている。これは，特別支援教育においても同様である。そして，障害のある子供たちも，ICT機器を活用して，より効果的に学習するための方法や環境を考えるための調査研究も行われ，その活用の可能性についても示されるようになってきた。これまでは，障害のある子供たちは，その障害のために，ICTを適切に使うことは難しいのではないかと考える指導者も多かったのではないかと思う。しかし，自閉症スペクトラムのある子供が，パーソナルコンピュータやタブレットPC，携帯型の情報端末などのICT機器を驚くほど上手に使いこなす場面に出会うことは多く，ICT等の操作ができる子供も多いということの表れである。ここで重要なことは，ICT機器をどのように導入するのかを明確にしておくことである。子供がどのように活用できればよいのかを考えることである。

　活用方法として，本人の基礎的学力を付けるために使うという方法があるだろう。数の概念や文字などを繰り返し学習する方法としての活用方法である。興味のあるICT機器を使うことが学習意欲を引き出すことにつながる可能性もある。もう一つ，生活を豊かにする活用方法があるだろう。コミュニケーションするためのエイドとしての活用や手順を理解するための活用等が考えられるであろう。どのように活用するのかはアイデア次第であるが，いずれにしても学習上，生活上の困難を克服，改善できるような活用方法を考えていかなければならないであろう。

　ICTの導入はこれからの教育には欠くことができないものである。ICTの活用が障害による生活上の困難や学習上の困難の軽減につながる可能性があるからである。そのためにも最新の情報を得るようにし，活用の方法を考えていくことが必要である。

〈坂井　聡〉

Chapter VI 中学生段階の指導の実際

1 中学生段階の特性

1 ◆ 「思春期」としての中学生段階

　多くの人は小学生段階の後半から中学生段階にかけていわゆる「思春期」を迎え、第二次性徴という身体的・生理的な大きな変化が生ずる。また、この時期は第二次性徴の出現、進学による環境の変化、周囲からの「中学生としての期待」などが相まって、心理的動揺が生じやすくなる時期でもある。思春期を迎えた自閉症スペクトラム障害の生徒の中には、もともと抱えていたこだわり、感覚過敏、自傷・他傷等を強めることがあるが、その要因をすべて「思春期」に帰することはできない。

　一方で、この中学生段階では、それまで示していた多動が徐々に落ち着き、小学生段階で獲得してきた知識・技能を活用・向上させて周囲の人や地域、社会との接点を拡大させていく時期でもある。さらには、将来的な自立に向けた準備を始めていく時期でもある。特に小学生段階までに、自閉症スペクトラム障害の特性に基づき、明確でわかりやすい指示・環境の下、適切な支援によって生活技能や他者とのかかわり方、社会性などを積み上げてきた生徒は学習や活動に向かう姿勢や学び方そのものも積み上げてきているため、中学生段階において新たな知識・技能の獲得しやすさや獲得してきた知識・技能の活用や向上につながりやすい可能性がある。

2 ◆ 中学生段階における特性を踏まえた指導

〔1〕中学生段階における指導の在り方

　中学生段階の自閉症スペクトラム障害の特性に応じると、その指導の在り方としては、「心理的な安定を基盤としながら、第二次性徴にかかわる知識・技能を身に付け、人や地域、社会との接点の中で自立に向けた準備を進めていくこと」が重要となる。しかし、「中学生だから○○ができて当たり前」という考えからの指導内容の設定ではなく、生徒一人一人の特性や段階に応じた指導内容の設定が必要であることは言うまでもない。学級経営においても先述した指導の在り方に基づき、下記の指導内容を扱える活動を設定していくこととなる。

〔2〕各領域において中心となる指導内容

【身辺処理・家事スキル：第二次性徴に伴う身辺処理，身だしなみ】小学生段階では，基本的な身辺処理スキルを身に付け活用してくことに重きが置かれるが，中学生段階では他者を意識して身だしなみを整えたり，第二次性徴に伴う新たな身辺処理スキルを獲得したりすることが必要である。また，将来的な自立に向けた家事スキルの獲得を進めていくことも必要となる。

【心理的な安定：適切な気持ちの切り替え方，自尊感情や自己肯定感】中学生段階は，第二次性徴に伴う心理的動揺が生じやすい時期でもあるため，失敗したり，要求が叶わなかったりしたときに適切に気持ちを切り替えられることが求められる。そのため，気持ちが落ち着く活動や場所の確保をした上で，自ら気持ちを切り替えられるよう指導していくことが必要である。そして，苦手なことでも，解決や回避の経験とともに「どうすればうまくいくか」の理解を重ねていくことが必要である。また，趣味の充実を図り，自分の得意なことの理解や苦手なことの解決方法や回避していく経験を通して「自分は自分なりにやっていける」といった実体験から自尊感情や自己肯定感の伸長につなげたい。

【人や所属集団とのかかわり：安心して所属できる集団の確保と役割】人や地域，社会との接点を拡大させていくことが求められる中学生段階では，基盤となる安心して所属できる集団が必要となる。加えて，所属する集団内において一定の役割を担い，周囲から感謝されることを通して，集団に所属している意識を強めていきたい。一方で，地域社会に参加していく上で必要なソーシャルスキルや社会的ルールを経験的に積み上げることが必要である。

【認知や行動の手掛かり：ルーティン・スケジュール表の活用】小学生段階までに行ってきた日常生活のルーティン化（パターン化）やスケジュールの提示は継続していくが，自分でスケジュールを立てたり，スケジュールの変更に対応したりする経験を積むことが求められる。

【コミュニケーション：「要求」「拒否」「報告」＋「質問」「主張」】どの生活年齢，どの発達段階であっても，他者に対する「要求」「拒否」「報告」を適切に行うことが求められるが，中学生段階においては，適切な「質問」「主張」を機能として拡大したり，他者からの指示・説明をメモに取るなど情報の管理ができるようになったりすることも求められる。

〈霜田　浩信〉

2 アセスメント

1 ◆ アセスメントとは
〔1〕アセスメントに求められること

　教育におけるアセスメントとは，生徒の教育的ニーズに応じた教育目標や内容，支援方法を組み立てるために，生徒に関する情報を様々な側面から収集し，その情報を解釈していくことである。このアセスメントでは，情報を集めることだけに重きが置かれるのではなく，集めた情報を解釈し，教育目標や内容，支援方法につなげていくことが重要となる。つまり，生徒が示している「〇〇ができる」「△△ができない」といった表面的な情報のみをとらえるのではなく，集めた情報を関連付けて考え，生徒の「できる」「できない」の要因を仮説立てていくことが求められる。要因を仮説立てることができれば，その仮説に基づいた教育目標や内容，支援方法を組み立てることが可能となる。

〔2〕要因を仮説立てるための情報収集

　生徒に関する情報から「できる」「できない」の要因を仮説立てるためには，複数の視点からの情報収集が必要である。つまり，「〇〇ができない」のみをとらえるのではなく，「△△のときは〇〇できないが，□□のときには〇〇できる（■■の支援があれば〇〇できる，◎◎までならできる）」というとらえ方が大切である。このように「できる」「できない」ときの場面，学習内容，指示，手順，支援，周囲との関係性等々も合わせてとらえていくことで，要因を探ったり，支援の手掛かりになったりすることができる。

2 ◆ 中学生段階におけるアセスメントのポイント
〔1〕中学生段階に求められるアセスメント

　中学生段階の生徒は，自閉症スペクトラム障害の有無にかかわらず，心身ともに変化を示すいわゆる「思春期」を迎えることになる。この「思春期」での心身の変化が生徒の示す状態の一要因になり得るということを理解しておくことは基本的に必要なことである。しかしながら，「思春期だから〇〇ができない」という解釈では，あまりに要因としてのとらえが大き過ぎてしまい，結果的には教育目標や内容，支援方法が組み立てられなくなってしまう。したがって，

中学生段階におけるアセスメントでは,「思春期」による心身の変化が生徒の状態に何かしらの変化を与える可能性があることを前提としながら，より詳細に要因を仮説立てることが求められる。

〔2〕収集する情報や方法

　生徒の教育的ニーズに応じた教育目標や内容，支援方法を組み立てるために収集する情報は，中学生段階になったからといって小学生段階から一変するわけではない。基本的には知能検査や発達検査といった標準化された検査（表参照）を用いる一方で，行動観察によって生活全般における知識・スキル等の獲得状況・遂行状況の情報を集めることが必要である。特に職業スキルや家事スキル等の獲得状況を把握することは，将来的な自立に向けた準備を始める中学生段階にとっては重要である。その際，知識・スキルの獲得段階表のようなチェックリストがあると，実態を把握するだけでなく，段階表に基づいて教育目標や内容を設定しやすくなる。また，聞き取りや質問紙などを用いて，医学・身体に関する情報（障害の状態，合併症，服薬状況，運動機能，生理機能，感覚機能など）を収集することが必要である。さらに中学生段階になったところで改めて，保護者の願い・教育感・価値観，家庭環境，生活スタイル，余暇活動，地域生活の様子などの情報を収集することも必要である。　　〈霜田　浩信〉

表　自閉症スペクトラム障害に用いられることがある検査の一例

```
1．知的機能や認知スタイルを測定する検査
  ① 田中ビネー知能検査Ⅴ（2歳0か月～13歳11か月，並びに14歳0か月以上）
  ② WISC-Ⅳ（5歳0か月～16歳11か月）
  ③ 日本版K-ABC-Ⅱ（2歳6か月～18歳11か月）
  ④ DN-CAS認知評価システム（5歳～17歳11か月）
2．発達を測定する検査
  ① 新版K式発達検査（生後100日頃～満12から13歳頃）
  ② 津守・稲毛式乳幼児精神発達診断（1～12か月，1～3歳，3～7歳）
  ③ KIDS乳幼児発達スケール（4タイプあり，タイプTは0歳1か月～6歳11か月）
  ④ TOM心の理論課題検査（3～7歳）
3．自閉症スペクトラム障害に関連する検査
  ① CARS小児自閉症評定尺度（小児期～（成人期））
  ② PEP-S自閉症・発達障害児教育診断検査（2～12歳）
  ③ PARS-TR（幼児期～成人期）
4．言語・コミュニケーションを測定する検査
  ① PVT-R絵画語い発達検査法（3歳～12歳3か月）
  ② LCスケール言語・コミュニケーション発達スケール（0歳～6歳11か月）
  ③ LCSA学齢版言語・コミュニケーション発達スケール（小学校1～4年）
  ④ 認知・言語促進プログラム（NC-プログラム）（6か月～6歳）
5．適応行動（生活能力）に関する検査
  ① 新版S-M社会生活能力検査（乳幼児～中学生）
  ② ASA旭出式社会適応スキル検査（乳児～高校生）
```

③ 指導計画

1 ◆ 指導計画の立案

〔1〕思春期の思いに寄り添った指導計画

　これまで見てきたとおり，中学生段階の自閉症スペクトラム児の指導については，障害特性＋思春期の特性を考える必要がある。自閉症児特有の困難の上に思春期の心の不安定さが重なるために，不適応や問題行動が頻出し，対応に苦慮することが少なくない。

　この時期の学習の基本スタンスは，生徒たちのプライドに最大限の敬意を払うことである。これは知的障害の程度にかかわらず，また，その学習の場が通常教育か特別支援教育か，さらには家庭教育，社会教育であっても同様である。ただわかればよいのではなく，中学生としてふさわしいと本人が自覚でき満足できるプログラムを，できる限り準備したい。

　また，個別指導と集団による指導のバランスも大切である。安心できる環境において，個別学習によって学力を定着させた上で，その成果をクラス集団の場等で発揮することによって，生徒本人の自尊感情を高め，集団への帰属意識を育てることができると考える。

〔2〕教育課程との関連

　障害そのものの改善克服を目指す「自立活動」においても，自閉症スペクトラムの中学生に対しては，障害特性に加えて上記の思春期の特性を考慮して計画する必要がある。年齢相応で，生徒たちが魅力を感じる内容を考えたい。しかし，中には幼児向きのキャラクターにこだわりがある生徒もいるので，機械的な対応にならないように注意することが大切である。前述した集団への指導と個別の配慮のバランスを生かすようにする。

　「教科別の指導」についても，学習の場にかかわらず，「自立活動」の視点は大切になってくる。特に生徒への伝え方の工夫が重要であり，教えたい内容の理解を目指したスモールステップを効果的に刻み，目標に向かって着実に接近できるように課題を設定する。これは知的障害を併せ有する場合に行う「各教科等を合わせた指導」においても同様である。

学校行事等への参加については，さらに環境設定への配慮が重要である。個人の状況に応じて，臨機応変な対応を取るために，支援者同士の共通理解が必要不可欠となる。

2 ◆ 指導計画の進め方

〔1〕実施上の留意点

指導計画を実行するに当たって，環境の構造化や予定の視覚化など，生徒の不安を取り除き，目の前の課題に集中できるようにし，理解を助ける手段を講じる必要がある。だが，どれほど念入りに準備をしても，生徒が不適応を起こす可能性はある。登校前に嫌な出来事があったり，些細なきっかけで過去の悪い記憶を思い出したり，生徒の気持ちが乗らなくなる理由は数多く存在する。

つまり，教師は指導計画が万能ではないことを自覚し，生徒の反応に学びながら軌道修正を図る必要がある。文字どおり「手を替え品を替えて」生徒に対応するのであるから，替えるべき「手」や「品」を豊富に用意しておかなければならない。授業を計画どおりに進めることができず，つい焦ってしまい，強引に結末へ導くことは厳に慎みたい。学習指導案はあくまでも「案」であり，授業は教師と生徒が共につくり上げるものであることを肝に銘じてほしい。

〔2〕適切な評価

授業の出来不出来より大切なのは，授業後の振り返りである。指導計画に基づいた授業に対して，生徒たちがどのように反応し，受け入れ，学び取っていったかを確認する。不適応を起こした生徒がいた場合には，その前後の生徒の動きを思い出しながら，可能な限り，生徒の内面を読み取って原因を探る努力をする。複数教員で指導をした場合にはチームで検討できるが，一人で授業する場合には生徒の様子を撮影するなどの工夫も必要となるだろう。

こうして実践結果を分析し，評価した上で，指導計画の「ねらい」の見直しを行う。今回の授業を終えた後で，必ず次の段階に進む必要はなく，生徒たちの状況を確認した上で，再度同じ課題に取り組んだり，一つ前の課題に立ち戻ったりすることもあるだろう。現状を見極め，生徒たちのために，続く最善の方策を見いだすことは，教師の大きな専門性であり，この「見極める目」は生徒と共に成長する教師のみが，もつことを許される職人技なのである。

〈小林　徹〉

4 指導内容，指導方法

1 • 指導内容について
〔1〕指導内容と指導方法
　自閉症児のための教育課程研究は，国立特別支援教育総合研究所を始め，多くの自治体で行われており，その成果はすでに全国の特別支援学校や自閉症・情緒障害特別支援学級で実践されている。その中心的課題は，自閉症児の自立活動の内容を踏まえた授業の開発であり，具体的には，社会性やコミュニケーションの問題に直接切り込む形が主流である。これらの教育内容は次項で述べる指導方法の問題と深くかかわっているが，筆者はぜひ，これらを分離して考える視点の重要性を訴えたいと思う。自閉症児である前に思春期の若者である彼らに何を伝えたいかをしっかり吟味したい。伝えたい何かを確実に伝えるためにこそ，様々な指導手法の開発意義があるのである。次節以降の実践事例から多くを学び取っていただきたい。

　以下本項では，筆者の二つのエピソードをご紹介させていただく。これらは筆者が知的障害特別支援学級の教員として経験した内容である。

〔2〕伝えたい内容をどう伝えるか
　知的障害の有無にかかわらず，自閉症児に考えを伝えることには手間がかかる。人間関係ができていたとしても，思わぬところでこちらの意図が伝わらずに落ち込む場合がある。最初に筆者の失敗体験をご紹介しよう。

　知的障害のある自閉症児であるR児を校外学習で引率した。日本そばが有名な町で，地元のそば屋で昼食を取るという計画を立てた。各家庭に連絡し，生徒全員にアレルギーがないことを確認した上で，事前にメニューを取り寄せ，写真も見せながら，何を注文するかを生徒たちと一緒に考えた。R児は考えた末に「天ぷらそば」を選んだ。母親に確認したところ，R児はこれまで天ぷらそばを食べたことはなく，なぜ選んだのか不思議がっていた。そして当日。そば屋に到着した生徒たちは次々に選んだメニューを注文し，R児の前にも天ぷらそばが届いた。R児は腕組みをして丼を凝視したまま動きが止まった。明らかに想像したものとは違う，という意思表示だった。彼は暴れるわけではなく，

ただひたすら天ぷらそばを見つめたまま，昼食時間が終わるのを待っていた。彼が一番つらかったのだが，それを見ている筆者も自分の見通しの甘さを突き付けられているかのようで厳しい時間だった。メニューを選ぶ際に，写真だけではなく，実物を見せて，匂いや食感，味なども伝えるべきだったと反省した。

この例は一見，指導方法の問題ともとらえられるが，実は伝えたい内容の属性の分析に甘さがあったと考えている。私たちは「天ぷらそば」という名称だけで，様々な情報を想起してしまう。五感が記憶した多角的な情報を瞬時に引き出しから取り出せるのだ。筆者はこれらの情報を分類，分析，整理して，R児に理解できるように伝える必要があったのではないか。10年以上経った今も，そば屋のあの光景が筆者に，大切なことを思い起こさせてくれる。

〔3〕わかることはかわること

もう一つR児にまつわるエピソードを紹介しよう。

ある月曜日の朝，R児の母親から電話があり，先週末にR児の祖父が亡くなったと告げられた。R児は祖父の死が理解できず，自宅に戻った祖父の亡骸に「おい，じいちゃん，起きろ！」といつものように声を掛けていると言う。通夜の席でも，周囲のしんみりした雰囲気に頓着なく，元気なR児の姿を見て，母親は「明日はきっと平気で学校に行くと思います」と少し寂しげに笑って電話を切った。ところが，翌朝R児は来なかった。自宅に電話すると，母親が出た。R児は自室から出てこないとのことだった。母親の話では，前日告別式が終わってもR児は元気だったそうだ。しかし，火葬場に行き，祖父の棺が荼毘に付されたとき，彼は初めて事態を理解した。「じいちゃんがいない」と言った後，急にふさぎ込んだとのことである。帰宅後R児は自室にこもり，電気もつけずに膝を抱えていたという。例えば，筆者が教室でR児に対し「死とは何か」を伝えようとしても，きっと難しかったと思う。しかし，祖父の死以降，R児は死に接するたびに「じいちゃんと同じだ」と繰り返した。祖父の死という悲しい体験を経ることで，R児は死という概念を学ぶことができたのだと考える。祖父はR児に大きな財産を残してくれたのだと筆者は感じている。

「わかることはかわること」。この言葉は，R児だけではない多くの生徒たちの「わかる」場面に立ち会わせてもらった筆者の確信である。

2 • 指導方法について

〔1〕こだわりに寄り添う

　知的障害がボーダーの自閉症児であるＳ児は，いつも気だるそうな雰囲気で授業に集中できなかった。あの手この手を使って活動に招くのだが，乗ってこない。その手には乗らないと，からかわれているかのようだった。休み時間の彼は，大好きなアニメキャラクターＴのマンガ本を取り出して読み始める。Ｔの話題なら級友とも会話が続いた。大きな声で楽しそうに笑うことさえあった。筆者は次第にＴが憎く，見るのも嫌になったが，Ｓ児に受け入れてもらうためにはＴの世界を学ぶしかないと考えた。教室にＴに関する書籍を揃え，毎週Ｔのアニメ番組を欠かさず視聴し，Ｔの似顔絵を描く練習をした。やがて，すべての授業にＴが出てくるようになった。Ｓ児は最初とまどっていたが，筆者がＴの口調や決まり文句を真似たり，アニメの物語をなぞった話をするたびに，面白がって反応した。筆者はＴのペープサート人形を作り，授業の中で人形の口を借りて問題を出した。Ｓ児は次第に授業にかかわるようになり，やがて，Ｔの力を借りずとも学習に取り組めるようになった。後でＳ児の母親から聞いたことだが，この頃Ｓ児は家で「先生があんなにＴのことが好きだったなんて，本当に驚いたよ」と語っていたそうだ。苦笑いのエピソードである。

〔2〕称賛を受けて自己評価を高める

　同じくＳ児のエピソードである。筆者の学級は毎年劇づくりに力を入れていた。演目はコメディを得意としており，この年，Ｓ児はキザなネズミの役に立候補してくれた。この役の台詞は笑いどころが満載で，地域の小学生が劇の練習風景を見学に来たとき，Ｓ児の演技を見て，みんなの大笑いが始まった。すると，Ｓ児は顔を真っ赤にして「笑うな！」と怒り出したのだ。Ｓ児は人に笑われると，自分のことを馬鹿にされていると感じてしまうのだそうだ。筆者たちはそうではないと説得したが，効を奏さず，その後Ｓ児は笑われないように，わざとつまらなく，そっけなく演じるようになってしまった。劇づくり最大のピンチに筆者は一計を案じ，母親と相談して，家で漫才やコントのお笑い番組をＳ児に見せてもらうことにした。そして，笑っているＳ児に対して「あなたは馬鹿にして笑っているの？　それとも，面白くて笑っているの？」と繰り返し質問してもらったのだ。何日かして，Ｓ児が登校するやいなや「みんなは僕

の演技がうますぎて笑っているんだね」と発言した。そして以後は，演技にますます磨きをかけて，大爆笑の舞台をつくり上げることができたのである。

　もう一つ，アスペルガー症候群と診断されたU児のエピソードである。

　通常の小学校で6年間過ごした彼は，級友たちとの関係に疲れ，自分はだめな男だと自信を失っていた。学習能力は高いのだが，通常の学級集団ではその力が発揮できない印象だった。そこで特別支援学級では，U児に漢字検定や英語検定など，公的に承認された検定に次々とチャレンジさせた。その学校では全校朝礼で合格者の発表がされていたので，U児は受かるたびに名前を呼ばれ，全校生徒から拍手をもらった。この経験がますますU児の学習意欲に火をつけ，やがて自信を取り戻した彼は，高等学校を受験して進学していった。

〔3〕**遠回りに付き合う**

　やはりアスペルガー症候群と診断されたV児のエピソードである。

　「中学生になって」という課題作文に，彼は1時間，原稿用紙をにらんだまま，1行も書こうとしなかった。次の時間，個別に取り組むことにして，筆者はV児と向き合った。こういう場合，筆者は，生徒と一問一答を繰り返しながら文章を積み上げていく。そのときも，V児の小学校の思い出や，中学校への期待，将来の夢などを聞きながら，それを文章に直してV児に書かせていった。原稿用紙はみるみる埋まり，2枚びっしりの作文が完成した。いつもなら生徒はこの時点で大喜びなのだが，V児の表情は固いままで，書き上がった原稿を見つめたまま，渡そうとしない。やがて，「先生，この作文，全部消してもいいですか」と言うと，消しゴムで消し始めた。筆者は慌てて止めて，新しい原稿用紙を渡した。V児によれば，これは自分の作文ではないので，もう一度自分で書きたいということだった。仕方なく，V児にもう1時間の個別学習を許したが，結局書き終わらなかったので，宿題にすると，翌日短い文章を提出してきた。内容も分量も少なくなってしまったが，V児本人は満足だったようだ。

　以上，思春期の自閉症児に対して，筆者が行ってきた指導方法の事例を4例挙げさせていただいた。いずれも，筆者としては生徒の懐に飛び込み，思いに寄り添いながら，目標の達成を目指したつもりである。引き続き，次節からの実践事例に多く学んでいただきたい。

〈小林　徹〉

5 授業での工夫

特別支援学校 情緒の安定を図り，集団への参加を目指す

❶──生徒の様子
　W児。中学部1年生。集団活動での騒がしさや人とのかかわりをストレスと感じる心的要因により，学校に行くことに不安が強くなり，不登校となる。他の生徒が大きな声で注意を受けている状況に過敏に反応し，緊張しやすく，落ち着きのなさが見られる。自分からの発言は少なく，友達や教師の言った言葉を繰り返すことが多い。音楽活動や創作活動，運動をすることには興味がある。

❷──指導目標
・安心して学校に登校し，集団生活を送ることができる。

❸──指導計画
　情緒の安定を図りながら，教師との良好な関係を保ち，十分にコミュニケーションが取れるようにする。その結果，安心して登校できることにつなげ，集団生活を送れるようにするために以下の計画を立てた。
・1学期には，登校することに対する不安や教師への信頼感がもてない状況があったので，校外で個別指導を通して教師との信頼関係を築く。
・2学期には，週1回から午前のみの活動を主体にして登校を進め，慣れてきたところで登校回数や時間数を増やしていく。学校行事を通して集団に参加できるようにする。
・3学期には，毎日登校し，集団生活ができるようにする。

❹──指導の工夫
・担任，副担任をはじめ中学部主事や専任教師，教科担当教師などが相互に情報交換を行い，連携し指導・支援をする。
・担当教師が出向いて，「適応指導教室」での指導・支援を行う。
・登校時には，信頼関係の築けた教師と一緒に教室以外の場所で活動する。
・興味のもてる活動には授業に誘い，集団活動に参加できるようにする。

・保護者や主治医と連携し，経過を確認しながら，上記を段階的に進めていく。
・保護者とは登下校時に家庭での様子を聞き，学校の様子を伝える。月1回の懇談を通して今後の指導方針等の確認を行う。

❺── 指導の実際

〔1〕適応指導教室での活動～体育的活動～

情緒の安定を目指して，季節を感じながらの散歩やフライングディスク，キャッチボールなど，体を動かすことで解放感を感じることができるようにした。

〔2〕教育施設での活動～美術・音楽的活動～

情緒の安定とコミュニケーションの基礎的な能力の向上を目指し，空き缶等を使った楽器等の制作をして，それらを使ってリズム打ちや教師と合わせた演奏などを行った。また，タブレット端末を活用した作曲活動にも取り組んだ。

〔3〕学校での活動～登校支援～

集団への参加を目指して，週1回からの登校を進め，継続して登校ができてきたところで，回数を増やした。登校しても不安感があるため，教室以外の場所での活動や安心できる教師と一緒に活動をした。その一方で，適応指導教室での活動は継続して行い，本人が安心して活動できる場所の確保にも努めた。

〔4〕学校での活動～集団活動～

学校行事には期待感をもっていたため，それをきっかけに集団への参加を進めた。運動会や学校祭に向けての活動には，友達とのかかわりのほかに，今までかかわりのなかった教師ともかかわりをもてるように場面設定を行った。

〔5〕医療機関との連携

登校支援を段階的に進めていくため，適宜，主治医との連携を行った。本児の様子を踏まえ，適切なアドバイスを受けながら進めていった。

❻── 生徒の変容

W児の興味・関心に合った活動に一緒に取り組むことや，教師間でW児の様子を共有し，できたことを認めていくことで，多くの教師との信頼関係が生まれ，情緒が安定した。学校生活では信頼関係のある教師がいることで安心でき，活動への期待感や楽しみを見いだすこともできつつある。そのため，学校生活への不安感も徐々に少なくなり，毎日の登校ができるようになり，期待感をもった活動には集団にも参加することが多くなった。

〈飯田　直樹〉

特別支援学校　時刻を守って生活する

❶──生徒の様子
　X児。中学部1年生，男子。やりたいことがあると時間を気にせずやり続ける行動や，周りの人に何も告げずに行きたいところに行ってしまうことが多く見られる。そのため，授業の開始時刻に間に合わないことなど行動面での課題がある。今優先すべきことを理解し，納得できれば，行動に移すことができる。

❷──指導目標
・時計を読み取る力を付け，次の活動の開始時刻までに活動場所に着くことができる。

❸──指導計画
　毎日の数学の時間を中心に，自己の行動の調整を図る視点から時計の学習を行った。短針は〇時，長針は〇分の理解から進め，「〇分後」の時刻の理解へと進めた。その後は，日常生活全般で，休憩に入る前に教師と今の時刻と集合の時刻を時計で確認し，「あと〇分」をタイマーにセットして休憩に入るようにした。

❹──指導の工夫
　教室を出るときには，「～に行きます」と教師に伝えてから出て行けるように，教師の机を出入口近くにした。また，その机に言葉カードとタイマーを置くようにし，教室の時計を「分」がはっきりと読める時計にした。

❺──指導の実際
〔1〕時計の読み方

　①短針が時刻を示し，長針が分を示すことの理解，②長針が1目盛り1分であり，「1」「2」と書かれている目盛りが5分単位で読めることの理解，③長針が1周すると，短針が次の数字まで進むことの理解，の段階で指導を進めた。模型の手動式の時計を使用することで，「1, 2……」と数えながら長針を動かし，「分の理解」や長針と短針の関係を理解できた。ワークシートを活用し，クイズ形式で「何分」かを読み取る課題や，教師が言う「〇時〇分」を聞き取り，模型の時計で表す課題へと進めていった。クイズ形式は，求めていることがわ

かりやすく，楽しみながら行うことができた。

〔2〕「○分後」の理解

「5分後」の「〜後」の理解を進めるために，模型の時計で「5分後の時刻」の学習を行い，次の段階として，実際に「5分後，図書室に集合する」行動を伴う学習を行った。5分後の時刻を確かめた後で移動を開始し，集合場所に集まれたかの確認をした。タイマーを教師が活用することで，タイマーが鳴る前に集合できたかどうかを本人が評価できるようにした。

〔3〕日常での活用〜システムづくり〜

数学の時間の取組を日常生活でも活用できるようにしていった。周りの人に伝えずに一人で出て行ってしまうこともあるため，外出する際には，教師に目的地を伝えてから出て行く習慣も身に付けてほしいという願いから，出入口に教師の机を配置した。机上には伝える言葉カードやタイマーを置いた。休み時間前に，教師と一緒に，休み時間の終了時刻までの時間を時計で計り，その時間をタイマーにセットし，タイマーが鳴ったら片付けをして集合場所に移動できるようにした。

❻ 生徒の変容

当初，X児はピアノを弾くことに興味をもち，休み時間になるとピアノがある教室に行き，もっと上手になろうと時間を惜しんで練習していた。授業が終わると知らないうちにピアノのある教室に行き，やり始めたら担任教師が迎えに行くまで続けてしまうほどだった。

しかし，システムを提示し，タイマーが鳴ったら戻ることを教師と共に2〜3回体験すると，やり方を理解できるようになった。教室を出る前に教師と時刻を確認し，タイマーを持って出て行くと，タイマーをちらちら見ながら「まだやれる」と言ってピアノを楽しみ，タイマーの音が鳴ると音を消して，ピアノを片付け，教室に戻ることができるようになった。教室を出るときにいつ戻ったらいいのかを自分で考え，自分でタイマーをセットすることで，自分から時刻を意識して戻ることができたのだと考える。今後も続けて取り組み，決まったスケジュールの中でやりたいことを楽しみ，集合時刻を守って生活できるようにしていきたい。

〈植田記久乃〉

特別支援学校　劇の役柄を通した言葉のやりとりを学ぶ

❶──生徒の様子
　Y児。中学部2年生，男子。身辺自立はできている。他者への興味・関心は薄く，平素は自身の興味ある鉄道関連の書物や動画を見て，一人で過ごすことが多い。また，他者とのかかわりは苦手で，自身の思い込みから他者の些細な言動で動揺し，登校を拒否することもあった。国語では，平仮名，片仮名，小学校4〜5年生程度の漢字の読み書きができる。文は読むことはできるが，内容や状況の把握，登場人物の感情の理解は難しい。

❷──指導目標
・劇のストーリー及び自分の役柄を理解する。
・演技をすることで，感情の理解を深める。
・表情や身振り・手振りによる表現の仕方を身に付ける。

❸──指導計画
　台本に書かれてある自分の台詞だけではなく，他の生徒の台詞を読むことで，劇の流れや登場人物の設定を理解できるようにする。自分の台詞が劇の中でどのような意味をもつか，他者とのことばのやりとりからお互いの立場や感情がどのようなものであるかを考えられるようにする。ことば（台詞）や状況に相応しい身振りや手振りを考え，観客によりわかりやすく伝える方法を身に付けられるようにする。

❹──指導の工夫
　学年のみんなで一つの劇をつくり上げていく，という集団行動の楽しさを理解できるようにするため，学習班での練習時には生徒同士の言葉掛けや演技の工夫を尊重した。台本の読み合わせを繰り返し行い，ことばの丸暗記だけではなく，場面の流れを理解できるようにした。「気持ちは？」「声の大きさは？」「顔の表情は？」「動きは？」等の質問をその都度行い，一つ一つの台詞に込められた意味や気持ちを確認し，自分とは違う人物になりきる（役作り）ための参考にした。

❺ 指導の実際

〔1〕ストーリー，登場人物を理解する

　今回の劇がアニメーションを基にしたものであったため，事前にある程度の知識はあった。さらに，事前指導でアニメーションのキャラクターをイラストにして紹介したことで，自分や友達が演じる登場人物がどのようなものかをイメージしやすかったようである。また台本の読み合わせでは，自分の台詞のみならず，他生徒の台詞をも覚えることを課した。もともと記憶することは得意であったため，積極的に覚え，ストーリーの全容を理解するのに難はなかった。

〔2〕演じることにより，感情の理解を深める

　本生徒の役柄は忍術学園の学園長。転校してきた生徒たちを連れ，学園のいろいろな授業の様子を見学するという役どころである。まずは彼のもつ「学園長」のイメージを聞くと，「偉い」「強い」「年寄り」「優しい」等，いくつかの単語が出てきた。さらに各場面の台詞をどのような声で言えばよいか，質問した。場の状況や相手との関係を説明すると，「大きい声」「恐い声」「優しい声」等の答えが返ってきた。言葉遣いや声の調子を変えて演じることにより，感情という抽象的な観念の理解が深まった。

〔3〕身振りや手振りを付け，より豊かに感情表現をする

　観客に気持ちを伝えるには，台詞とともに表情や身体を使って表現する方法があることを理解できるようにした。教師の顔の表情や身体の動きを見て，喜怒哀楽を読み取れるようにした。初めは理解できずとまどっていたようであるが，現実の様々な場面を想定することで，表情や身体動作と感情表現とがつながってきたようである。この表現の仕方を取り入れることにより，気持ちを表すことばの理解もより深まった。本番では，台詞とともに表情や動きを交えて，彼のイメージする優しくも厳しい「学園長」の役を演じることができた。

❻ 生徒の変容

　自閉症児にとって，相手の感情の理解や自身の感情表現は難しいとされる。しかし「劇」を経験したことで，ことばはただ覚えて発するだけのものではなく，思いがあるのだ，ということが感じ取れたようである。また，劇後の称賛は自信にもつながったようで，友達に話し掛けたり，クラスの手伝いを自発的に行ったりする場面も見られるようになった。

〈戸山　育子〉

特別支援学校　お金の種類と使い方を知ろう

❶　生徒の様子

　Z児，中学部1年生，女子。新版K式発達検査の結果は他領域に比べて言語・社会の数値が低く，全領域で2.0となっている。発語はないが，相手の言葉は概ね理解できており，非言語での自己表現もできる。また，言葉で指示されたことを行動に移せる。平仮名は読むことができ，タブレットPCの画面で入力することができる。1～10程度の数字とものとのマッチングができる。

❷　指導目標

・硬貨の用途を理解し，財布から出し入れができる。
・数字と硬貨のマッチングができる。
・主体的に買い物しようとする。

❸　指導計画

　能力別グループ学習（数学）の時間に，買い物の手順と硬貨の種類についての知識を，他の生徒の様子を真似たり，助け合ったりしながら身に付ける。個別学習（数学）の中で金額と硬貨とのマッチングを主体的に繰り返す。

❹　指導の工夫

　プラスチック製だが，実物と同じ大きさのフェイクコインを使い，財布からの出し入れを含めて実際の手順を再現させた。金額と硬貨のマッチングには，言葉での指示だけでなく，タブレットPCの画面を大画面の液晶テレビに映し出し，視覚支援を行った。

❺　指導の実際

〔1〕集団授業による，買い物の手順と金種の学習

　授業の前に当番の生徒が今日の授業の流れを板書し，現在行っている場所にマグネットを付けることで見通しをもてるようにした。授業開始・終了時には必ずあいさつし，発語がないZ児も前に出て動作で進行した。

　フェイクコインは，事前に人数分に分けて財布に入れておく。配布時は教師が配るのではなく，名前を呼んで自分で取りに来るようにした。財布の中のコインは，液晶画面に映し出されたものとマッチングして，種類と数を確認でき

るようにした。自閉症の場合，小さくて数が多い教具を用いるとパラパラと落としたり，かきまぜたりして集中できないことがあるが，画面を見ることで集中して作業できた。さらに，硬貨の中から指定された金額のものを選ぶ学習でも，画面を参考にすることでスムーズにマッチングができた。

〔2〕タブレットPCを活用した，金額と支払いの個別学習

Z児は「5円」「10円」等の文字を見て硬貨を選び，教師に手渡すことができた。また，「20円」「300円」等の文字を見て，10円硬貨を2枚，100円硬貨を3枚取り，手渡すこともできたが，「60円」「150円」のように多くの硬貨や，複数の種類の硬貨を組み合わせることは難しかった。

タブレットPCにいろいろな金額を入れておき，指定された金額を選ぶドリル学習を行った。わからないときはタブレットPCの画面を送ると正解の硬貨の写真が提示されるようにしておくと，自分のペースで学習を進められるため，主体的に取り組むことができた。

❻──生徒の変容

タブレットPCの画面を大画面の液晶に映し出すことにより，文字だけでなく実物の写真や，現在生徒が操作している現物を大きく提示することができ，集中力を高めることができた。タブレットPCは画面に触れることで操作できるため，生徒自身が操作することで自分のペースに合わせて学習を進めることができた。

Z児は「お金」というものを学ぶことで，自分がほしいものを手に入れるにはお金が必要であることを理解し，家庭でもタブレットPCの画面を操作して近所のコンビニに行くことをねだったり，ほしいものを意思表示したりするようになり，家庭生活が充実した。

〈小林　光寛〉

特別支援学校 ボレロのリズムを味わおう
～「♪ Amazing Grace」の曲にのせて～

❶──生徒の様子
　中学部男子8名，女子5名（太田ステージⅣ-1～Ⅳ-2。発達段階が4,5歳～7,8歳）の集団で活動している。音楽の技術面では幅が広く，簡単なメロディをすぐにキーボードで演奏できる生徒から，リズム感や音感の面で大変難しさのある生徒まで様々である。

❷──指導目標
・ボレロのリズムを体で感じ，楽器で演奏する。
・原語（英語）で歌う楽しさを味わう（「Amazing Grace」）。
・合奏を通して，みんなで一つの音楽を創り上げる喜びを体験する。

❸──指導計画
　2,3年生は，前年度からボレロのリズムに取り組み，新年度からは1年生も交え「Amazing Grace」を原語で歌う活動と，リコーダーの二重奏に取り掛かった。そして2学期には，ボレロのリズムと「Amazing Grace」を一つにして合奏形態で練習を行うことにした。

❹──指導の工夫
・ことばのリズムがボレロのリズム……四分音符は「パン」，三連符は「ごはん」のように，言葉がもっているリズムを取り入れて口ずさむことで，自然とボレロのリズムを感じ，だれもが楽しく体得できるようにした。
・歌詞はみんなの手作り……原語がもつ言葉の響きやリズムを味わうために，英語の原曲をCDで何度も聴いて，自分たちで言葉を聴き取って歌詞を紡いでいく方法にした。
・選べる2種類の楽譜……メロディパートと伴奏パートに分けて，生徒が自分で選択できるようにした。

❺──指導の実際
〔1〕ボレロのリズムを演奏しよう（スネアドラム，鍵盤ハーモニカを使って）
　①みんながボレロのリズムを口ずさむことができる「魔法のことば」があることを紹介する。「パン」「ごはん」の言葉がもつリズムにのせて，ボレロのリ

ズムを全員で口ずさんだ。②リズムを鍵盤ハーモニカとスネアドラムで演奏する。難しい生徒は「パン」のリズム（♩❩♩❩♩♩）だけでもよいことにした。

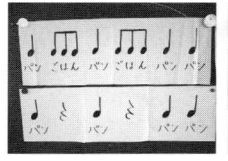

〔2〕「Amazing Grace」を原語（英語）で歌おう
　①3班に分かれて，原語で歌われたCDに何度も耳を傾け，聴き取った英語を言葉に紡いでいった。②それぞれの班で聴き取った言葉を一つにまとめて，みんなで聴き取った「Amazing Grace」の歌詞を完成させた。

〔3〕「Amazing Grace」をリコーダーで二重奏しよう
　メロディパートと伴奏パートに分かれて演奏した。伴奏パートは左手だけ（ソラシドの4音）で演奏できるようにシンプルにつくった。リコーダー演奏に自信のある生徒はメロディパートを選択し，伴奏パートからスタートして自信がついてきたらメロディパートに挑戦できるようにもした。

〔4〕ボレロのリズムにのせて「Amazing Grace」を合奏しよう
　「Amazing Grace」の曲本来のイメージ（祈りが込められた静かなイメージ）の部分と，ボレロのリズムに合わせた躍動感あふれる部分をつくり，「静－動－静」の構成になるように編曲をした。「静」の部分はキーボード，鉄琴，ウィンドウチャイムを使用し，「動」の部分はスネアドラム，キーボード，ザイロフォンでボレロのリズムを刻み，迫力を出して曲を盛り上げるために打楽器（大太鼓，ティンパニ，シンバル，スタンドシンバル）を使用した。

❻──生徒の変容

　最初はボレロのリズムを難しく感じていた生徒も，言葉を口ずさんでリズムを取ることで「僕にもできるぞ！」という自信が湧き，「今日はごはんにする？パンにする？」と言いながら，楽しんで練習に励むようになった。生き生きと練習することで自然にリズムを体得できるようになり，みんなの音がそろってボレロのリズムに躍動感が生まれるようになった。どの取組も，技術的に難しい活動と比較的簡単な活動の二つを設けて選択できるようにしたことで，一人一人が生き生きと活動できる取組になった。

〈今島　裕子〉

特別支援学校 卒業式に向けて，コラージュ壁面を作ろう

❶──生徒の様子
　a児。中学部2年生，男子。障害名は広汎性発達障害。WISC-Ⅳの結果はFSIQ:56。こだわりが強く場の雰囲気を理解することが難しいため，自分の思いや行動を状況に合わせて修正することが難しい。音声言語の内容が複雑になると理解が難しくなるが，視覚的な支援が加わると時間はかかるが理解につながる。また，教師との一対一の場面では自分の思いを語ることができる。

　美術の授業では，絵の具の色の組み合わせをよく考え，試行錯誤しながら色をつくり出したり，フロッタージュでは，教室内外の様々なものの形が浮き出たことに感動したりすることができた。また，その作品で貼り絵をしたが，下絵に応じた形や色彩を考えながら貼ることができた。道具や材料の操作については，慎重に水を足したり布に筆先をつけたりする等，筆に含む絵の具の量を加減することができる。

❷──指導目標
・題材からイメージしたことを基に主題を生み出す。
・学習した技法を応用し，表現の構想を練る。

❸──指導計画
①　コラージュについて知る。
②　総合的な学習の時間での学習内容を振り返り，それを題材にコラージュをする。
③　作品のテーマを知り，作品で表現するストーリーについて考える。
④　表現するストーリーを基に形や色彩を考え，既習の技法（ドリッピング，フロッタージュ，パステルアート）を取り入れ，作品にする。

❹──指導の工夫
・コラージュの概念を理解できるよう，作品鑑賞を行う。
・作品制作にイメージをもって取り組めるように，本年度の総合的な学習の時間での学習内容を題材に取り上げる。
・表現を豊かなものにするために，既習の技法を応用する。

❺── 指導の実際

〔1〕コラージュについて知る

コラージュ作品の鑑賞を行ったり，教師が登場するオリジナルのコラージュ作品等，モデルとなる作品例を提示したりし，コラージュの理解を図った。

〔2〕総合的な学習の時間に学習した題材にコラージュする

a児は和歌山県の有名な観光地等の写真の中から「和歌山城（お殿様）」と「白浜アドベンチャーワールド（パンダ）」を選び，自分の顔写真を使ってコラージュ作品に取り組んだ。写真の人物等の顔の部分に，自分の顔写真がうまくはまるように貼り付け，完成させた。

〔3〕壁面の題材を知り，コラージュする

壁面の題材を「卒業式に向けて，コラージュ壁面を作ろう」，ストーリー的には「私たちは中学部に残って学習し，卒業生は高等部（宇宙）に向かってロケットに乗って旅立つ。その姿を応援する」ということを伝えた。a児は「ロケットが飛ぶ宇宙」をイメージし，表したい主題として「空いている部分に流れ星を描いたらいい」と意見を出し，既習のドリッピングの技法を応用し，たくさんの星を散りばめることができた。また，「同じ色に同じ色を貼ったらわかりにくい」「白に白を貼ったらわかりにくい，黄色だったらわかりやすい」等と発言し，形や色彩などの性質を生かし，創造的な構成にすることができた。

❻── 生徒の変容

a児はイメージすることに困難さがあることから，本単元では自己の感性で形や色彩，材料などを豊かにとらえることを設定し，主題に応じた技法に取り組んだ。完成作品にはこれまでのa児の様々な経験が生かされており，経験することの大切さが感じられた。社会的参照に困難さがあるが，作品鑑賞のときには「どんな色を混ぜたのか，何をイメージして色を塗ったのか，どんなふうに作ったのか」と友達に聞き，意見を取り入れられるようになった。そのことで，新たなイメージが膨らみ，主題が試行錯誤の中で再構想され，作品が深まっていった。また，作品が卒業生や周囲の人たちから評価され喜ばれ，さらに，a児の信頼も得られ，創造活動の喜びや達成感につながった。今後，自ら表現することの楽しさを発揮し，余暇生活をより豊かにしていくことを期待したい。

〈島田　有規〉

特別支援学校 ランニング指導

❶──授業の実態

中学部の3年男子2名，1年女子1名，中学部への移行をスムーズにする目的で参加している小学部6年男子1名，計4名の学習グループである。実態の違いはあるが，4名とも個々に支援が必要な自閉症スペクトラムのある生徒である。この学習グループの体育科の授業は，生徒が見通しをもち，落ち着いて授業に取り組むことができるように，学習活動の流れを年間通して，「①あいさつ，②予定の確認，③ランニング，④体操，⑤年間指導計画で示された内容，⑥あいさつ，⑦片付け」で固定してある。

ランニングは，体育館に予め設定してあるトラック状のラインを基準に，カーブにコーンを置くことでコースを設定し，「走る→ジャンプ→スキップ→横歩き→後ろ歩き→走る」の順で実施している。曲の変化と教師の言葉掛けで次の動きに変わるタイミングがわかるようにしてある。しかし，「コースを逸脱してしまう（写真1)」「コースに関係なく自由に動いてしまう（同)」「指定された動きとは違う動きをしてしまう（写真2)」などの実態があり，生徒を介助しながら伴走する時間が多くなっていた。

写真1

写真2

❷──指導目標

・ランニングに進んで取り組み，決められた場所で横歩きやジャンプ等の動作ができる。

❸──指導の工夫

〔1〕コース設定について

トラックでは，コースにラインとコーンが設置してあるが，生徒にとっては

進む先の視覚的な目標が可変的であり、このことがコースの逸脱や自由な動きの原因になっているのではないかと考えた。そこで、体育館のラインを利用したトラックから、直線状に連結した5本のバーを挟んで周回するコースに変更した（写真3）。また、

写真3

曲の間はずっとジャンプをしていたが、生徒に体力的、身体的に強い負荷がかかり、ねらいとしている動きを引き出すための支援が行き届かないために、ジャンプの動きはバー両端の2か所に限定した。

〔2〕教師間の連携について

2名の教師が共に個別に生徒に対応する時間が増えていた状態を、コース設定とともに見直し、それぞれの教師の役割を明確にして、それぞれの生徒に効果的に指導にかかれるようにした。

❹──生徒の変容

〔1〕コース設定の変更

コース設定を変更したことで、生徒の動きは「両端で止まらない連続した往復の動き」になり、結果として自然に周回の動きができるようになった。往復の動きは進む先の視覚的な目標が固定された状態で明確であること、また、進んでいる間は必ず横にバーがある状態であることから、コースの逸脱もなくなり周回の流れに乗りやすくなったのではないかと考える。さらに、横歩きの動きはバーに沿ってできるため、体の向きや進む方向などが明確になり、ねらいとしている動きも引き出しやすくなった。動く場面を限定したジャンプは、教師がそれぞれの場所にスポンジ素材の障害物を20cm間隔で設置することで、ジャンプをする場所が明確になり、より適切な支援が可能になった。

〔2〕教師間の役割の再確認

「主担当教師Aは全体の動きを把握し働き掛ける」「教師Bは流れをつくるために生徒と一緒に周回する」「ジャンプの支援具設置と動作の支援を行う」などの役割とゾーンでの支援を再確認することで、生徒の自主的な動きや、生徒から教師へかかわろうとする動きも増えてきた。

〈眞鶴　誠二〉

特別支援学校 先の見通しをもち，安心感をもって安定して活動できる基礎を育てる

❶──生徒の様子

b児，中学部1年生，男子。太田ステージの結果はStage Ⅰ-2で，手段と目的の分化ができていない段階。人への基本的な要求達成手段は，主としてクレーン現象で行っている。休憩時間にやりたい余暇活動が少しある。人の動きを手掛かりに動いていることが多く，人がいなくなると見通しをもてず不安感が高くなり，活動に参加することが難しい場合がある。音声言語は苦手であり，視覚優位で写真によって情報を理解することができる。

❷──指導の目標

・写真によるスケジュールを活用し，安心して活動に参加できるようにする。
・休憩時間の余暇活動では，写真カードを使って自分で選び，相手に伝えることができるようにする。

❸──指導計画

① 写真カードのスケジュールの意味がわかる。
② 写真カードでスケジュールを把握したり，自分の要求を伝えたりする。
③ 写真カードを使って交渉する。

❹──指導の工夫

写真の情報が最もよくわかるため，写真によるカードを作成した。二つの手順の予定から提示し，それを確認して写真で示された次の活動に移ることを，毎日，学校生活の中で一貫して繰り返し練習を行った。カードは面ファスナーで固定し，縦に時系列が流れる形にした。生活の中で移動する範囲が大きく，その場で次の活動を提示して見通しをもてるようにするために携帯型とした。携帯に支障のないB5サイズのファイルバインダーの表紙にスケジュールをつくり，使用するすべてのカードをファイリングして携帯できる形で作成した。

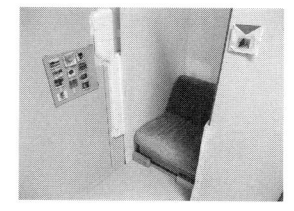

また，授業等の活動と休憩の違いが自分で明確にわかり，安心できる休憩場

所とするため，教室に余暇活動のグッズも配置した休憩エリアを設定した。

要求の表現の幅が限られ思いが相手に伝わらないことがあるため，写真カードを使ってコミュニケーションの自発性を高め，表現の幅を広げる練習を行った。

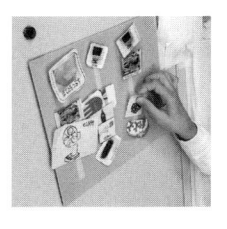

❺──指導の実際

〔1〕写真カードの意味がわかる

初期段階では提示されている二つのカードの意味がわからず，見ることも少なかったが，終了した活動カードを自分ではがして「おわり」袋に捨てることで，活動が終了したことを意識できるようにした。また，残った次の手順のカードを見て活動場所へ移動するように促すことをその都度行った。次第に休憩のカードの意味がわかり，スケジュールをよく見るようになった。

〔2〕写真カードを使って意味を把握したり，要求したりする

スケジュールの意味がわかってきているため，次第に手順数を増やし，長い範囲の時間も見通せるようにしていった。また，休憩時間のやりたい活動の要求を写真カードで相手に伝える練習も行った。要求のクレーン現象が出ているときに，好子（ごほうび）のカードを渡すように促し，自分でカードを渡して好子を手に入れることで，自分の要求が相手に伝わることに気付くことができた。

〔3〕写真カードを使って交渉する

ある日，授業中に好子の要求を出すことがあった。すぐにそのカードをスケジュールに組み込んで，今は無理だが，休憩時間にはできるということを見せると，納得し，休憩時間になって再度要求することができた。本人がわかるツールを使って，自分の要求を先の見通しをもって交渉する態度が育ちつつある。

❻──生徒の変容

スケジュールで安心して活動に参加できるようになった。また，休憩時間の好子も待つことができるという見通しももて，活動への参加が促進されている。活動に安定して参加できることで，成功体験や肯定的評価を得る場面が増えてきている。

〈川口　徹〉

特別支援学校 ゲームをしよう
〜ぐらぐらゲーム〜

❶──生徒の様子
　c児。中学部1年生，男子。語彙は豊富であるが，一方的な話し方で，会話が成り立ちにくい。ゲームなどの勝敗にこだわり，一番になろうとすることで対人トラブルが多い。友達と仲良くしたいという気持ちはあるが，気持ちのコントロールが難しい。WISC-Ⅲの結果からは，視覚的短期記憶に優れているが，言語性検査の「理解」や動作性検査の「絵画配列」の低さから，社会的常識や因果関係の理解が不十分なことが窺える生徒である。

❷──指導目標
・ゲームのルールや約束事がわかり，それらを守って最後までゲームをする。
・自分の気持ちに気付き，感情や行動のコントロールをする。

❸──指導計画
　生活単元学習の時間に「ゲームをしよう」という単元を設定することで，ルールを守ることに取り組みながら気持ちのコントロールの仕方が学べるようにする。全6単位時間で計画し，学習の見通しや成功体験の積み重ねを図るために，毎回同じ学習内容を展開する。手軽で簡単なルールの「ぐらぐらゲーム」を用いることで，楽しみながら目標を達成しやすくする。また，般化をねらうものとして，学年等でのお楽しみ会や家庭での実施を試みる。

❹──指導の工夫
　視覚的な支援をするために，ルールや約束事については，わかりやすい短文や絵や図を取り入れた掲示物を準備する。また，状況を把握し，気持ちのコントロールをしながらゲームができるように，ソーシャルストーリーでゲームのルールを守って楽しむことについて説明したり，自分の気持ちを視覚的にわかるような教材を準備したりする。学習の評価を書くワークシートを準備し，自分の行動の振り返りができるようにする。

❺──指導の実際
〔1〕ルールを守ってゲームをするために
　自分に有利なルールに変更することを防ぐために，どんなに簡単なルールで

あっても必ず紙に書いておき，常に確認できるようにした。また，毎回ゲームを始める前に，「負けても大丈夫」というソーシャルストーリーと約束事を一緒に読み，確認した。ゲーム中にも見える位置にその約束事とルールを掲示しておき，常に意識しやすくなるように配慮した。

〔2〕**勝敗の結果ではなく，目的課題を大切にするために**

この単元の目的課題を意識できるように，勝敗の結果だけではなく，自分や相手の気持ち，準備や片付け，ゲーム中の態度や気持ちも記録する振り返りのワークシートを用意した。また，ルールを守ってゲームをする大切さを知るために，そのワークシートの記録から，お互いの気持ちの評価を知り，どうしてこのようになったのかを話し合う機会を設けた。

〔3〕**自分の気持ちを知り，コントロールをするために**

気持ちの変化を5段階のボードで示し，客観的に今の自分の気持ちが見えるようにした。このボードを使って，今の気持ちをハートのコマを動かして自分で確認し，気持ちを調整しながら学習を進めた。レベル5になる前に，「紙に書く」「心の中で呪文を唱える」などでイライラ感を小さくするように助言した。

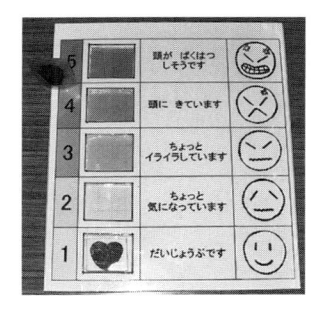

❻──**生徒の変容**

最初は自分勝手なルールを提示していたが，相手の「嫌な気持ちで，もうしたくない」という評価から，なぜそうなるのかと話合いを重ねたことで，みんなで決めたルールで実施できるようになった。また，自分の今の気持ちを視覚化することで，気持ちがイライラする前に対処しようという態度も見られた。本人が主体的に取り組めるゲームは，具体的・実際的内容であり，効果的であったと思われる。また，準備・片付け，ゲーム中の態度（ルールを守る，負けても最後までするなど）における「できた」という成功体験を積み，少しずつではあるが自分自身を振り返り，負けた結果も受け入れやすくなった。

このようなc児の態度や気持ちの変化に周囲も気付き始め，些細なトラブルはありつつも，友達と一緒にゲームを楽しむ場面が増えている。

〈真鍋ゆかり〉

[特別支援学校] **電車のマナーを学習しよう**

❶――生徒の様子
電車の利用に関する課題が多く，座席に座る際に「人と人の隙間に無理やり腰を掛ける」「足を広げて座る」「リュックを背負ったままや，自分の横に置く」「後ろの窓を見て他の人にぶつかる」などの行動が見られる。

❷――指導目標
・電車内でのマナーを守って，座席に座ることができる。

❸――指導計画
① 社会性の学習の時間に，教室内で電車内の状況を設定し，電車に乗車するシミュレーション授業を実施した。
② 実際に学校の最寄り駅から電車を利用し，実地指導を行った。
③ 一人通学練習でも並行して指導した。

❹――指導の工夫
今回は電車の座席に座ることが学習の題材となったが，実際の電車内は混雑していたり，空いていたりするなど状況は様々である。その時々の状況に応じて判断するのではなく，行動をパターン化して指導することを心掛けた。

実際には，鞄（リュック）を前に抱えることで，一人分の座席スペースを守って座れるようにする。教師からの指示も「手を出さない」「鞄を置かない」といった否定的な言葉ではなく，「鞄を抱える」「膝に置く」など肯定的な言葉で指示をした。また，視覚支援教材として，自分でマナーをチェックできる携帯用のカードを作成した。教材は達成感がもてるよ

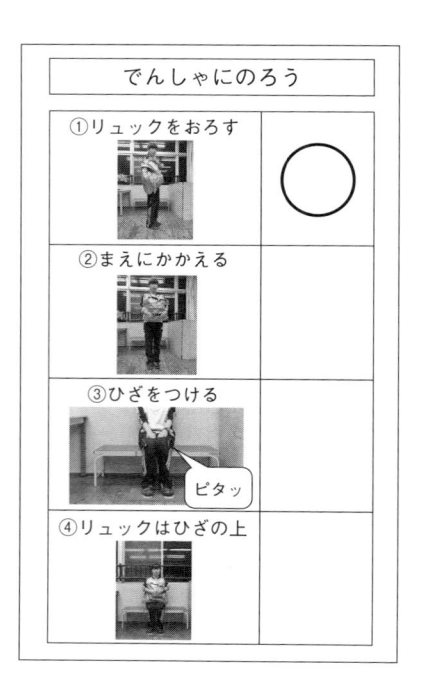

でんしゃにのろう	
①リュックをおろす	○
②まえにかかえる	
③ひざをつける　ピタッ	
④リュックはひざの上	

うに，チェック項目を設けて，できたら○を付けて評価した。学習に対する意欲が高まり，積極的に取り組むことができた。

❺──指導の実際

〔1〕教室内でのシミュレーション

スライド教材やカード教材（手順表）を使用して，リュックの抱え方や，座席の座り方を指導した。教師の見本や手順表を見ながら座ることができた。

〔2〕実地指導

学校の最寄り駅から実際に電車に乗車して指導をした。カード教材を携帯できるように，小さいもの（マナーチェックカード）を作成し，電車内で確認できるようにした。教室内でのシミュレーション指導の成果が現れ，1回目の指導からスムーズに取り組むことができた。授業を実施する過程で，ホームで歩き回るなどの課題も新たに出てきたので，チェック項目を追加し指導した。

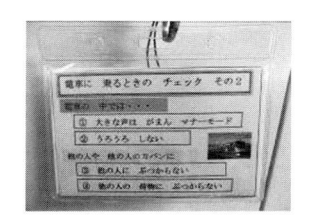

〔3〕授業以外（一人通学での指導）への般化

生徒はヘルパーを定期的に利用しており，下校時や休日に電車利用を頻繁に行っている。今回の授業で学習したことを，学校外でも生かすことができるように，カード教材に加えて，リュックや膝を指さしするなどの簡単なジェスチャーで指示をするようにした。カード教材は有効な手段だが，電車内など学校外では使いづらい場合もある。簡単なジェスチャーであれば，すぐに指示が出せるので，ヘルパーにも引継ぎを行い，支援の幅を広げていきたいと考えた。

❻──生徒の変容

行動をパターン化して指導することで，足を広げたり，鞄を座席に置いたりすることがなくなり，マナーを守った行動が身に付いた。また，社会見学で電車を利用したときや一人下校を実施したときに，自主的に鞄を前に抱えてマナーを守って乗車する姿が見られた。

自閉症の障害特性に応じた指導を展開する上で，指導する行動を明確に伝えることと，行動をパターン化することは必要な要素だと考える。また，授業で取り組んだことが，実際の生活のどの場面で生きるのかという般化の視点を明確にして，単元や学習内容を設定することが大切である。　　　　〈野澤　良介〉

特別支援学校 文化祭に向けて製品を作ろう

❶──生徒の様子
　中学部の生徒全員について，各自の実態や目標を考慮した上で，縦割りで四つの作業班（布工班，工芸班，リサイクル班，紙工班）を設けている。作業学習に初めて取り組む１年生や，いくつかの簡単な作業を通して報告や依頼の学習を行っている生徒，また，見通しをもって様々な作業に主体的に取り組むことができるようになっている生徒など，作業学習における生徒一人一人の取組状況は幅広い。

❷──指導目標
・作業を通して，働くことの意義や喜びを感じ，働くことに慣れる。
・分担した仕事の内容や手順を理解して，根気強く正確に最後までやり遂げる。
・様々な道具や器具，機器などの操作の仕方を知り，安全に扱う。
・報告や質問，依頼を自主的に行う。

❸──指導計画
　１年生は，簡単な作業内容を設定し，無理なく作業をすることに慣れることをねらう。作業に慣れ，作業の継続時間が延びる中で，報告や質問，依頼の仕方を合わせて学習する。２・３年生については，個々の目標に沿って作業内容を設定し，指導目標を達成するよう，スモールステップで支援を行う。

❹──指導の工夫
・生徒の目標を達成するために，適切な作業内容を設定する。例えば，状況に合った報告をすることが目標である生徒には，報告回数が多くなるように設定し，丁寧に仕上げることを意識することが目標の生徒には，良品，不良品の判断がしやすい作業内容を設定する。
・作業学習を行う上で見通しをもちやすいように視覚的な提示を行う。作業学習全般の「約束」や文化祭完了時期までの「日程」を作業室内に提示する。一人一人には，個人の目標，その日の作業内容，量，作業時間，作業方法，注意するべき点などを個別に提示する。

❺ 指導の実際（布工班の例）

〔1〕約束の提示

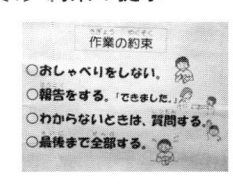

・作業学習全般の約束を最初に説明し、常に見える位置に提示しておく。
・個人の目標は、個別に設定し、作業学習の授業の最後に記入する日誌に、評価欄を設けている。

〔2〕予定の提示　〔3〕作業方法の提示

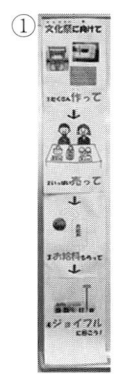

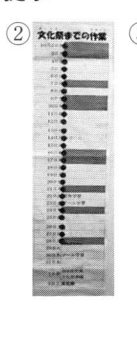

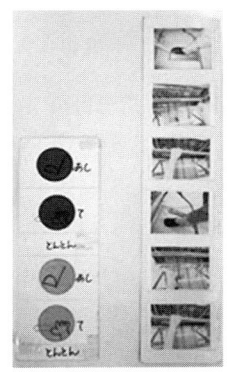

① 文化祭後の楽しみな活動までを含んだ予定
② 文化祭までの作業学習の授業日の予定（終了後シールを貼る）
③ 製作するものの一覧表（目標を達成するとシールを貼る）
④ その日の作業内容のスケジュール（個人別に用意する。順に行い、活動を終えるごとに報告して裏返す）

・さをり織りの手順書：シールの色と簡単なイラストを手掛かりにしたものや、実際の動きを写真で提示したものなど、生徒の実態に応じて提示内容を工夫する。
・タブレット端末に、さをり織りの経糸作りの工程やミシンの糸掛けの実際を録画し、活用している生徒もいる。

❻ 生徒の変容

　最初に簡単な作業を繰り返し行うことで、集中して作業を継続する時間が長くなり、報告や依頼、質問の仕方を身に付ける生徒が多くなった。また、視覚的な情報を提示することにより、作業学習全体の約束や、自分の作業内容及び作業量などが理解でき、最後までやり遂げようとする姿勢が身に付くとともに、準備や片付けも積極的かつ正確に行うようになった。文化祭での販売実習を経験することで、製品をより丁寧に、多く作ろうとする意識も高まり、長期的な見通しをもって主体的に作業学習に取り組む生徒が増えた。　　　　〈福田佳代子〉

|特別支援学級|　Gタイム，電卓・ビーズ，無言清掃

❶——生徒の様子
　本学級は5学級あり，特別支援学級としては大規模である。
　在籍している生徒の多くが知的な遅れのない自閉症やLD，ADHDと診断されている。中学生期を迎えるまでに不登校や学習不振，生活行動面での問題が深刻化し，一人一人の個性や特性が集団生活を送る上での困難さとして表面化している。

❷——指導目標
　障害による種々の困難を改善・克服するための自立活動の指導については全教育活動を通して常に意識し，さらに自立活動の時間を設定して社会生活に必要な資質や能力，態度等を身に付けられるよう指導している。次頁において，本学級における自立活動の時間の全体計画を示す。

❸——指導の工夫
　「Gタイム」（仲間づくりの時間として，単元に付けた名称）においては，常に他者を意識することができるような活動を用意し，集団に所属している自分の振る舞いを自ら調整できるよう支援している。また，仲間と共に課題を解決できたときの達成感をグループ内で共有できるような振り返りを大切にしている。
　「電卓・ビーズ」「無言清掃」では，教師からの活動についての指示は一切行わない。授業の始まりに手順を示し，その手順に沿って生徒は活動を行う。周囲の状況を把握するのが困難な生徒に対しては「○○君はもう片付けているけど，△△君はまだ片付けなくても間に合うかな？」というように，本人が周囲から見た自分の状況や状態を気付けることを意識した支援を行っている。

❹——生徒の変容
　年間を通して指導することにより，「他者理解」や「自己理解」が進み，学校生活の中で他者と折り合いをつけようと努力する姿が，学校生活だけでなく，校外学習等の場面でも見られるようになっている。元来,学校生活について「友達と仲良く遊んだり勉強したりしたい」と考えている生徒は，その目標のため

に自らが「自律」を意識し，仲間と共に学校生活を楽しんでいる。

〈鳥居　夕子〉

□□君の指導計画例

自立活動（特別支援学校学習指導要領より）
1　健康の保持
2　心理的な安定
3　人間関係の形成
4　環境の把握
5　身体の動き
6　コミュニケーション

⬇　⬇　⬇

＜対人関係＞	＜場面の切り替え＞	＜状況の変化への対応＞＜時間の概念の形成＞
2　心理的な安定 3　人間関係の形成 6　コミュニケーション	3　人間関係の形成 4　環境の把握 6　コミュニケーション	1　健康の保持 4　環境の把握
【主な活動場面】 「Gタイム」	【主な活動場面】 「電卓キング」 「ビーズ作業」	【主な活動場面】 「無言清掃」
・対人関係のトラブル等を想定したロールプレイング等で，相手の立場に立って考える活動を行う。 ・アサーショントレーニングやプロジェクトアドベンチャーなどの手法を取り入れ，体験的に他者との適切なかかわりを学べる活動を行う。 ・様々な活動を通して仲間の存在を実感できるようにするとともに，自尊感情の回復を図り，自己肯定感，有用感を味わえるように，自己実現に向けた意欲の向上を図る。	・電卓を使った計算（電卓キング）とビーズの作業を1時間内で時間を区切って行う。 ・予め決められた時間内での作業の準備・片付け，中断や終了を体験的に学習することで，場面の切り替えの困難さを改善・克服する。	・清掃活動を ①　机やイスを廊下に出す。 　　　　　　　　（5分間） ②　掃き掃除　　（10分間） ③　拭き掃除　　（10分間） ④　机やいすを教室に戻す。 　　　　　　　　（5分間） ⑤　ロッカー，棚拭き，ごみ捨て，ゴミ箱洗い（10分間） 以上の5区分に分け，それぞれ定められた時間に合わせて，時計を見ながら活動することで，時間の概念を形成するとともに，活動の切り替えや役割に応じた活動を体験的に身に付ける。 ・また，清掃中は「無言」であるため，他者の動きを見ながら協力することも必要になり，集団への参加の基礎を養う。

※自立活動の時間で学習したスキルを実際の場面で活用できるよう，通常の学級との「交流及び共同学習」や校外学習，宿泊学習において実践力を養うとともに，活動の評価と改善を行う。また，教科等の時間の指導においても，自立活動の内容について必ず指導を行うようにする。

特別支援学級 トランジスタラジオの製作（木製キャビネット作り）

❶──生徒の様子
　d児。中学校3年生，男子。WISC-Ⅳの結果は全検査IQ（FSIQ）= 86，言語理解(VCI)＝98，処理速度（PSI）＝77。聴覚優位で，視覚的な情報を処理する力や単純な課題を素早くこなすことに弱みがあるとの所見がある。言語によるやりとり，説明の理解，聞かれたことへの反応などは特に問題なく行えるが，注意がそれることが多く，忘れ物の多さや，質問内容の早合点による行き違い，学習場面においては一定時間集中して作業や課題に取り組めず，作品の完成に時間がかかることなどが見られ，作業的な学習には苦手意識をもっている。

❷──指導目標
・決められた形を作るキットの製作とは異なる，ラジオ本体を収納する木製キャビネットを自由に構想し，その構想図が書ける。
・構想したものを具体化する力を付けるために，構想図から形をイメージし，自分が必要とするサイズや用途を考えて材料取りし，製作できるようになる。

❸──指導計画
　週2時間の技術の時間を利用し，初めにラジオ本体の回路部分をハンダ付け作業で組み立て，その後，本体が収まる大きさでキャビネットの形を自由に構想し，木材加工の作業に入る。

❹──指導の工夫
　材料の穴開けや，のこぎりでの切断などは行えるが，自分の構想をまとめたり，それを図に表したりすることは難しい。作例を示してもなかなかイメージをもちにくく，以前も材料に寸法を記入する段階で作業が進まなくなっていた。
　今回のラジオの製作では，電子部品をハンダ付けする作業が初めて行うことのため興味がもて，製作意欲が高かったので，苦手とする自由構想の部分を支援することで乗り切り，完成させる体験（成功体験）を積めるように考えた。

❺──指導の実際
〔1〕構想のまとめ
　今回はマンツーマンで指導に当たり，イメージを聞き出してスケッチしたり，

過去の作例を提示したり，大きさのイメージをもてるようにスケールをそばに置いて，本人が考えている大きさが実際にはどれくらいなのかを逐一示せるようにして構想を進めた。作例を見て大まかな形を聞き出し，この部分はこんなふうに変えてみたらどうか，などスケッチして示しながら，本人の考えている形をできるだけ反映できるようにした。本人が言う○○センチと，イメージしている実際の大きさに隔たりがあったので，どこに置いて使うか，持ち運びはするのかなど，使用する場面を想定させて構想を進めた。

〔2〕材料取り

寸法と形が決まったが，箱形キャビネット6面のそれぞれ縦横の寸法がいくつになるかを読み取ることが難しかったので，実際に木片を使って構想図の寸法を確認しながら材料にけがき線を記入していった。後で切断するときに多少曲がっても大丈夫なように，切りしろを多めに取った。のこぎりで切断するときに，途中で曲がるのを気にして，「おれはやっぱり下手だ」などの言葉も出たが，仕上がり寸法さえ超えなければ平気なことを伝えると，理解して作業した。

〔3〕組み立て

釘打ちは本人が自信をもっている作業なので，上手にできたときに大いに褒めた。しかし，釘を何本打つか，どの位置に打つのがよいかを考えるのは苦手なので，何本打つと必要十分な強度になるかを考え，また，見た目をよくするためには均等に打つことが大切であることなどを言葉掛けしながら作業を進めた。同様にスイッチ類の穴開け作業では，ボール盤の扱いは上手にできるが，穴開け位置を図から読み取るのは難しいので，穴開け位置を示した型紙を用意し，材料に当てて印を付けるようにした。

❻──生徒の変容

構想をまとめる作業では，自分の苦手な部分と向き合うことになったのでストレスが溜まる様子も見られたが，組み立てが終わると形ができた満足感と喜びが得られ，仕上げの塗装作業では色選びもスムーズで，以前より集中し，丁寧に作業する様子が見られた。今回，必要な支援を要請しながら，できる部分は自力で行い完成までこぎつけた経験により，わからないときにはきちんと質問して問題を解決し，手着かずで時間を過ごすことがなくなった。〈田極　　透〉

通級指導教室　**言葉で感情や行動をコントロールする**

❶──生徒の様子
　e児。中学校1年生，男子。ASDの診断あり。WISC-ⅣのFSIQは109で，全般的な知的発達は標準域にあるが，VCI＜PRIの差は40以上あり，個人内に視覚認知の優位が認められる。在籍中学校では，感情や行動をコントロールすることが困難であり，同クラスの生徒とのトラブルが頻繁に見られる。

❷──指導目標
・自分の気持ちや考えを適切な言葉で相手に伝えることができる。

❸──指導計画
　週1回2単位時間（年間35回），通級による指導を行う。2単位時間のうち前半は，自分で自分の気持ちを整えるための指導を行う。後半は，本人の気持ちや考えを言語化して整理し，作文を書いて内言を育てるための指導を行う。

❹──指導の工夫
・情報入力は視覚優位なので，感情やストレス等の度合いを，視覚化，数値化，相対化させたスケーリングカードを用いて，本人の理解を支援する。
・聴覚的な短期記憶が弱く，リアルタイムに複雑な思考をすることが苦手なので，対話中の本人の言葉や教師の助言は，その場でホワイトボード等に書き取ってフィードバックし，本人の理解を支援する（近藤,2012）。

❺──指導の実際
〔1〕感情や行動をコントロールする
　怒りやストレス等の度合いについてはスケーリングカードを使用し，視覚化，数値化，相対化して情報提供する。カードは5段階にレベル分けされており，それを操作することで，自分が不適切な行動をしてしまう限界を知り，事前にそれを察知して回避行動が取れるように指導する。

〔2〕気持ちや考えを言語化する
　在籍校での様々な体験や，そのときの本人の気持ちの動き，予想される周囲の反応，一般的に期待される行動の在り方等を，教師との対話の中で言語化する。教師はそれらをホワイトボード上に書き取る。対話を進めながら，それぞ

れの事項の時系列や優先順位等の関係性を整理し，本人の他者理解・状況理解を支援する。

〔3〕作文を書き，内言を育てる

指導で得られた情報（ホワイトボードに書き出され，整理されたもの）を参照しながら作文を書く。教師は必要に応じて，接続語や文末表現等についてのみ指導する。本人は考えをまとめようと独り言を言うが，内言を育てるためにも，「ホワイトボードを見ながら，できるだけ口を閉じて書いてみよう」と助言する。

❻ 生徒の変容

個人差もあるが，筆者の経験では，指導開始後おおよそ13〜14週目くらいには，作文中の言葉の量・質に変化が出始め，在籍校での行動も次第に落ち着いてくる。e児も当初は話すこと・書くことを嫌がっていたが，20週目くらいからは，目に見えて独り言が減り，作文に集中して取り組むようになった。時期を同じくして，在籍校でのトラブルが減少してきた。

在籍校担任に本人の様子を確認してみると，周囲の生徒や他の教師に対して，自分の気持ちや考えを言葉で伝えようとする場面が増えてきており，以前のように突然かんしゃくを起こすことは少なくなったとのことであった。

自分の気持ちや考えを言葉で伝えられるようになると，生徒自身が楽に生活できるようになる。暴力的なトラブルが少なくなると，それが本人の「精神的な成長」として周囲に認められ，集団内の本人の評価を上げ，理解者・支援者が増えていく。e児は，そうした周囲の変化を感じ取り，次第に他の教師や友達の助言を素直に受け入れ，落ち着いて生活するようになった。

〈近藤　幸男〉

〔文献〕
・近藤幸男「感情や行動のスケーリング」・「行動のふり返りボード」，髙橋あつ子編著，近藤幸男・前田三枝著『特別支援　その子に合ったサブルート探し』ほんの森出版，2012年

通級指導教室 心理的安定を図り，生活上の困難を改善・克服する

❶——生徒の様子

　周囲の言動に過剰に反応してしまい，二次障害の傾向が見られる中学1年生のf児。

　知的に遅れはなく，WISC-ⅣでIQは平均値である。しかし，下位検査にはばらつきがあり，行列推理や類似に弱さが見られる。LDもあり書くことに困難があるので板書ができず，ノートも取れなかった。教科によっては取組にむらが出ていた。周囲の言動に過敏になり，「どうして僕のことだけ注意するんだ」「うるさーい！」と耳ふさぎをしたり，授業中急に大声を出したりする。何か困ったことが起きるとすぐに困惑して，無意味なことを長々と話す。

　認知の特徴として，ワーキングメモリーや処理速度に弱さがある。そのため周囲の学習スピードについて行かれず混乱してしまい，状況判断に食い違いが生じてトラブルに発展していることがわかった。

❷——指導目標

　指導目標としては，通級指導教室の中に居場所づくりをすることで精神的安定を図ることを第一とした。さらに状況判断力を付けるために「見る」「聞く」力を養うこととした。

❸——指導計画

　f児は，時系列で話をすることが苦手なため，周囲は何を言っているかわからないので相手にされなかった。通級指導教室では，じっくりf児の話に耳を傾け，f児の話を聞きながら用紙に図や文章で描き整理していくことにした。また「見る」力としては，短期記憶を養うために提示された文字や図形を，即再生させることで，自信を失わずに取り組めるようにした。自閉症の認知の特徴である「聞く」力の弱さについては，初期は単語の弁別，音源定位，特殊音節の聞き取りを行い，前期の最後には短文が聞き取れるよう単元計画を立てて指導内容に組み込んだ。

❹——指導の工夫

　周囲の言動に過剰に反応してしまい，学習にも自信がないことから，f児が

自力でできる課題を7割，少しヒントをあげて達成感をもたせる課題を3割にした。また，f児の得意な能力（数学や符号）を利用した課題で自信をもてるようにした。物語の読み聞かせによって語彙を増やし，言語表現できることでストレス解消を図った。

❺——指導の実際

〔1〕被害者意識について

f児は事あるごとに「みんなが悪口を言う」と言うので，教室の机の配置図に，どの子が言ったか印を付けさせた。すると，1〜2人だけであることがわかり，図解で「見る」ことによって，自分の言動を整理し気付けるようにしていった。言動を視覚化することによって，理解が進んだと考えられる。

〔2〕自信をもてる教科指導

f児は，数学の計算や社会の地図記号に強かった。そこで，数学は学年進行に伴って予習をし，定期テスト前は復習に力を入れた。図形については，難易度が上がっても落ち着いて教師と一緒に学習することができた。社会の地図記号はf児の楽しみな時間となり，独り言を言いながらリラックスして白地図に色付けをしていた。

〔3〕「聞く」力を養う

自閉症スペクトラムがある生徒にとって「聞く」ことは最も苦手なことである。そこで初期は四つ単語の中から仲間はずれ（弁別）を行った。次に市販されているCDで様々な音を聞き取ったり，目を閉じて音源を定位させたりした。また，特殊音節を聞き取って書く課題も行った。

❻——生徒の変容

f児にとって通級指導教室が安心できる居場所になり，自分の話に耳を傾けてくれる教師がいるということも精神的安定につながった。落ち着いたことで，自分の不得意とする課題にも取り組めるようになってきている。しかし，在籍校で大勢の生徒の中にいることは抵抗があるので，f児の希望から教室の座席は廊下側の一番後ろにした。また，「聞く力」に関しては，次の段階として日常使う（学校場面の）言語表現を絵や文字を手掛かりにして取り込みやすくし，同じ通級の生徒とのロールプレイを行うことで交互に話をする練習をした。自ら言い方を修正できるようになってきた段階である。 〈月森　久江〉

= Column =

就労拡大の試み

　自閉症スペクトラム障害（以下「ASD」と記載）のある方の特性である「強いこだわり」が日常生活の中でマイナスとなることがあるかもしれないが，その「強いこだわり」が，職業生活では「強み」となる例もある。

　ある電子機器メーカーで，特別支援学校の卒業生（ASD）が障害のないベテラン社員の倍以上のスピードで部品組立の仕事をしているが，年間を通じて「不良品ゼロ」という精度である。この生産ラインでは，次工程の「品質チェック」を廃止する方向だ。ASDの方を雇用したことで，品質と効率が向上し，品質チェック要員を削減できるというのは企業にとって大きなメリットである。

　「強いこだわり」は，パソコンを活用したデータ入力の仕事においても精度につながり，ASDの方の活躍が増えている。データ入力には曖昧さがなく，明確な指示を出すことができるため，指示を受ける側にとっても理解しやすい仕事の一つと言える。しかし，残念ながら「知的障害や発達障害があるとパソコンを使う仕事に就くのは難しいだろう」と誤解をしている学校や企業が多いことも事実である。

　全国障害者技能競技大会（アビリンピック）の結果からも，ASDの方の実力がわかる。知的障害がある方を対象とした「パソコンデータ入力」競技がスタートしたのは2005年。競技課題は①「アンケートはがき入力」，②「顧客伝票修正」，③「帳票等作成」で，本競技スタート当初は，企業でデータ入力の仕事に就いている社会人が金メダルを獲得していたが，直近の3大会では特別支援学校の在校生が金メダルに輝いている。中には耳栓をしている選手や，小さい声で独り言を呟きながら入力をしている選手もいるが，①では正解率100%の実績も多数報告されている。

　職務遂行上のルールや品質の基準が明確な仕事では，ASDの方の障害特性が高く評価されている。就学前，1分間いすに座っていることさえできなかった子供も，企業で活躍する社会人として成長し続けていることを多くの方に知っていただきたい。

〈箕輪　優子〉

Chapter VII

高校生段階の指導の実際

1 高校生段階の特性

1 ◆ 高校における発達障害生徒の現状

　平成19年4月から小・中学校において始まった特別支援教育では，従来の盲・聾・養護学校における教育，及び弱視学級や難聴学級，情緒障害学級，知的障害学級などの特殊学級における教育だけではなく，通常の小・中学校に在籍する発達障害児童生徒に対しても，その発達特性に応じた教育を行っていかねばならないという趣旨に沿ったものである。

　しかしながら，小中学校で始まった特別支援教育も入試のある高校では広がりを見せておらず，高校教諭のASD等発達障害生徒に対する意識は高くはない。よって，全日制の高校での発達障害生徒在籍率はわずか1.8%と小中学校の6.5%に比べ約三分の一以下といった現状である。その代わり中学を卒業した発達障害生徒は定時制高校や通信制高校に進学する者が多く，定時制高校では14.1%，通信制高校ではその割合は15.7%と全日制に比べ高い比率となっている（文部科学省，2009）。

　文部科学省は，特別支援教育総合推進事業の「高等学校等における発達障害のある生徒へのキャリア教育の充実」において，全国に山形県立山添高校，千葉県立銚子商業高校，新潟県立長岡明徳高校，富山県立新川みどり野高校，長野県立南安曇野農業高校，三重県立伊勢まなび高校，京都府立網野高校間人分校，私立京都光華高校，岡山県立御津中央高校，佐賀県立太良高校，私立長崎玉成高校を指定している。

　東京都では，卒業後の就職を目指した知的障害高等特別支援学校を受験し，合格できなかった生徒が都立の高校に進学するといった現象が起きている。しかしながら，これらの都立高校は，「エンカレッジスクール」や「チャレンジスクール」といった都が設置する特徴的な高校であり，発達障害生徒が数多くを占めている。

　「エンカレッジ」とは，「勇気をつける」という意味であり，これまで力を発揮できなかった生徒のやる気を育て，社会生活を送る上で必要な基礎的・基本的学力を身に付けることを目的としており，発達障害の中でもどちらかと言う

とLD系の生徒が中心だと考えられる。東京都では都立足立東高校，秋留台高校，練馬工業高校，蒲田高校，東村山高校の5校がエンカレッジスクールとなっている。

一方，チャレンジスクールとは，小・中学校での不登校や高校での中途退学を経験した生徒など，これまで能力や適性を十分に生かしきれなかった生徒が，自分の目標を見つけ，それに向かってチャレンジする，三部制の定時制単位制総合学科高校で，こちらはアスペルガー症候群系の生徒も多いものと考えられる。単位制とは，学年の区分がなく，卒業までに決められた科目の単位の履修を74単位修得すれば卒業できる制度である。

現在は，都立桐ヶ丘高校，世田谷泉高校，大江戸高校，六本木高校，稔ヶ丘高校の5校が対象であり，また八王子拓真高校には「チャレンジ枠」というものが設定されており，チャレンジスクールに準じた教育がなされている。

しかしながら，これらの高校を卒業した後の就職や進学といったキャリア形成は大きな課題となっており，エンカレッジスクールの足立東高校や東村山高校，桐ヶ丘高校は近隣の特別支援学校高等部の進路指導と連携し，卒業後の就職を目指した高校におけるキャリア教育を検討している。

2 ◆ 特別支援学校高等部と通常の高校の相違

特別支援学校高等部に在籍する生徒は，中学部からそのまま進学してきた生徒のほかに通常の中学校から入ってくる生徒が増加してきている。知的なレベルは非常に重度から軽度まで範囲が広いため，その特性も自ずから異なっている。自閉症の三つ組みの特性は小さいときと変わらなくても，年齢が長ずるに従い，身体の発育も成長してくるため性の問題なども生じてくる。

特別支援学校の高等部では，進路担当教諭が地域の企業と連携し，1年生の段階から現場実習を実施し，地域での就職を目指したキャリア教育が実施されている。

特別支援学校に対し，通常の高校に進学した生徒は知的に高い場合は大学への進学もあり得るため，大学受験に合格することが主要な目的となっており，大学卒業後の就労や居住生活などを考慮した教育指導がなされているところは少ない。そのため，特別支援学校における進路指導のような，ASDの能力特性を把握した指導が望まれる。

〈梅永　雄二〉

② アセスメント

　高校生段階のアセスメントは，16歳までであればWISC，16歳以上であればWAISという知能検査が存在する。しかしながら，WISC，WAISでは，群指数などで能力のばらつきなどの把握が行えるが，知能検査であるため，就職に向けた具体的な指導指針を示すには限界がある。

　高校生段階では，学校卒業後に社会参加を検討する必要があるため，大人になっての活動を考えたアセスメントを行う必要がある。現在ASDに特化したアセスメントとしては，米国ノースカロライナTEACCH部で開発されたTTAP（TEACCH Transition Assessment Profile）があり，我が国では「自閉症スペクトラムの移行アセスメントプロフィール」と訳されている。

1 ◆ TTAPの概要

　TTAPでは，成人期に達したときに地域社会の中でよりよく適応するために，必要なスキルをどの程度獲得しているかを知るために，現段階で自立して生活するための準備性を確認する，すでに獲得しているスキルは何かを明確にする，新しいスキルを獲得するために有効な構造化を検討する，新たなスキルを獲得するために活用できる現在のスキルを確認する，能力を最大に引き出せる環境をどのように変えるかを検討する，などが目的となっている。

　TTAPにおける新しい視点は，従来の作業理解や作業遂行力といったハードスキルの側面だけではなく，日常生活スキルや余暇活動，コミュニケーション，対人行動などの「ソフトスキル」の側面をアセスメントできることである。

2 ◆ ハードスキルとソフトスキル

　ハードスキルとは，仕事そのものの能力のことであり，いわゆる与えられた職務の遂行能力を意味する。

　これに対しソフトスキルとは，直接職務にかかわる仕事ではないが，仕事を継続していく上で必要な能力のことである。具体的には，遅刻せずに職場に着く，身だしなみがきちんとできている，などの日常生活能力の他に，あいさつや協調性，笑顔などの対人関係能力，上司や同僚とのコミュニケーション能力，昼休みの過ごし方などの余暇活動などが考えられる。

TTAPでは，このようなソフトスキルのアセスメントが大きなウェイトを占めている。

3 ◆ フォーマル・アセスメントとインフォーマル・アセスメント

フォーマル・アセスメントでは，研修を受けた検査者が直接実施する直接観察尺度の他に，家庭での状況を確認する家庭尺度，そして学校在学中であれば担任が，事業所在所中であれば支援員等が行う学校／事業所尺度の3尺度で構成されている。

また，領域は「職業スキル」「職業行動」「余暇活動」「自立活動」「機能的コミュニケーション」「対人行動」の6領域であり，この中の「職業スキル」がハードスキルの側面であるが，残りの5領域はすべてソフトスキルの側面のアセスメントである。

インフォーマル・アセスメントは，地域の様々な職種における実習において行うアセスメントである。

インフォーマル・アセスメントでは，実習に行く前の段階で現在獲得しているスキルをまとめるCRS(スキルの累積記録)を実施する。このCRSにはハードスキルの側面であるCSC(地域でのスキルチェックリスト)とCBC（地域での行動チェックリスト）というソフトスキルの側面のアセスメントが存在する。

これらのアセスメントを基に現場実習先を決めることになる。現場実習ではCSAW（実習現場におけるアセスメントワークシート）を実習初日と最終日に実施する。そのCSAWを作成するために，毎日DAC（日々の達成チャート）を実施する。

4 ◆ 現場実習の重要性

知的に重いASDの場合も知的に高いアスペルガー症候群の場合も，学校内で作業スキルや対人スキルを獲得したとしても，実際の職場でそれらのスキルの般化（応用）が困難である。デンマークのコペンハーゲンにASDの従業員が75%を占めるスペシャリスタナというITの企業があるが，この企業ではASD者が就職する際に面接は行っていない。なぜなら面接では彼らのコミュニケーションの拙さから，能力をうまく引き出すことができないからである。よって，いろいろな企業での実習からその能力特性を把握する。このように実習でのアセスメントが最も有効なアセスメントと考える。 〈梅永　雄二〉

③ 指導計画

1 ◆ 卒業後の社会参加・自立を目指した指導計画

　高等部の3年間は，どの生徒も学校から社会へ移行するための学習を積み上げる時期である。自閉症スペクトラムの生徒も含むすべての高等部の生徒にとっても，卒業後の自立と社会参加に向けて，学校完結ではなく，家庭や地域で豊かな生活を送ることを目指した学びを積み上げることが必要である。そのためには，高等部3年間で，自分や他人のことを理解し，仕事と自分の生き方の関係で進路を選択し，将来の社会生活への見通しをもって進路を決定できるように，各教科や領域に関する教育課程だけではなく，学校生活にかかわる生徒指導も含めた指導計画を作成することが必要である。その上で，自閉症のある生徒がもっている特有な困難を踏まえた支援を行うことが重要である。

2 ◆ 自閉症のある生徒の自己理解，自己選択，自己決定につながる学び

〔1〕自己理解につながる学び

　社会に巣立つまでの高等部の3年間の生徒の学びは，将来の生活につながる貴重なものである。高等部には，特別支援学校の中学部や中学校の特別支援学級だけでなく，通常の学級の生徒など，多様な教育的ニーズをもった生徒が入学してくる。とりわけ，中学校から入学してくる自閉症のある生徒の中には，自分に合った学習をしてこなかったため，自己肯定感をもてないまま高等部の集団に入ることもある。このような生徒に対しては，1年次から自分の力を発揮できる学習を通して，自分のよいところや自分のやりたいことを見つけ，自己理解につながる学習を積み上げるように指導計画を立てる必要がある。

　例えば，「自分の将来の夢」や「自分を知る」ことをテーマにした学習を指導計画に入れ，自分の特徴，長所と短所，他人から見た自分を学べるようにすることも考えられる。その際，自分にはよいところがあり，他人にも受け入れられているという自己肯定感につながる学びができるように留意したい。

　比較的重い知的障害を伴う自閉症のある生徒には，生徒に興味がもて，扱いやすい教材を複数用意し，達成感がもてるように指導計画を立てることも必要である。生徒が選んだ活動を積み上げることにより，生徒自身の自分の得意な

こと，やりたいことが明確になり，生徒の自己理解を支援することになる。

〔2〕**自己選択につながる学び**

　高等部の生徒は，作業学習や職業の時間に働くことを学び，自分に合った進路先を選ぶことになる。高等部の生徒は，学校卒業後の職業生活，家庭生活をどのようにするかを見通しながら，生活に生かせる学びを積み上げることが望まれるが，自閉症のある生徒は，これまでの限られた経験や興味あるものの中から，自分のやりたいことを選んでしまう傾向にある。したがって，様々な作業種を経験したり，興味のある学習を広げたりして，自分に合ったものを選択する力を身に付け，卒業後の進路先を選択できるように指導計画を立てる必要がある。

　その際，例えば，1年次には様々な作業種を経験し，自分に合った作業種を見出せるように指導計画を作成することも必要である。ただし，説明を聞いて一連の作業の流れを体験するのではなく，作業学習で求められる力を理解し，自分の力を発揮して作業活動を行い，その結果を振り返るように支援することが重要である。そのことで，自己選択につながる学びができると考えられる。

〔3〕**自己決定につながる学び**

　高等部3年は進路先を決める時期である。自分に合った進路先を自己決定できるように，教育活動全体を通した3年間の進路指導の計画が重要であり，特に，自己理解，自己選択につながる学習を積み上げた上で，自分の将来を描き，社会人となって自分の役割を果たすという自己決定につながる学びが重要である。自閉症のある生徒は，決めることだけにこだわったり，友達が先に進路先が決まると不安になったりすることがある。したがって，現場実習での評価を基に，職場から求められていることが理解できるように，進路相談を積み上げたり，現場実習先で自分の力を発揮できているかなどについて自己評価できるように支援をしたりすることが必要である。そのことを踏まえて自己決定できるように指導計画を作成する必要がある。

　障害の比較的重い自閉症の生徒には，現場実習先の様子を踏まえ，卒業後，その実習先で，生徒が自分の力を発揮し，安心して働くことができるかを見極めることによって，その生徒の自己決定を支援することが重要である。

〈尾崎　祐三〉

4 指導内容，指導方法

1・各教科等での指導内容・方法

　高等部では，国語，数学，社会，理科などの各教科で，様々な内容を学ぶことになるが，単に知識の習得ではなく，卒業後の生活にも役に立つような学びになるように工夫する必要がある。とりわけ，自閉症のある生徒には，興味の幅が狭かったり，卒業後の生活のイメージがもちにくかったりする困難があるので，体験を取り入れたり，実際の生活で活用されている場面を見たりして，生活実感と結び付け，学んだことを生活に生かせるように，各教科等の単元での指導内容・方法を工夫する必要がある。

　例えば，「将来の生活」の単元で，1か月の生活費を学習するときの指導方法では，まず，現時点で，自分のしたい生活にどのくらいお金をかけたいのか記入できるシートを用意することが考えられる。家賃や光熱費，食費，被服費，通信費などの合計を出すことにより，自分の将来の生活費全体を把握することができるようになる。その際，自閉症のある生徒は，自分の興味のあること，こだわりのある生活の仕方などに多くの費用をかけることがあるが，教師はそのことを否定せず，生活費全体をどのように生徒が配分しようとしているかを把握する。そして，できれば，実際の光熱費や家賃などの払込書のコピーを教材として提示し，実際にかかる生活費を計算できるようにする。そうすることによって，生徒は，自分の収入の見込みとの関連を踏まえ，自分の生活設計につながる学習ができるようになると考えられる。

2・作業学習での指導内容・方法

〔1〕比較的障害の程度が重い自閉症のある生徒の作業学習での指導内容・方法

　比較的障害の程度が重い自閉症のある生徒にとっても，卒業後の社会参加・自立につながる働く力を身に付けることのできる作業学習は重要である。ここでは，高等部普通科での3年間の食品加工の作業学習の実践事例を基に，作業学習の指導内容・方法の工夫の仕方について検討する。

　自閉症のある生徒g児は，帽子や手袋などが皮膚に接触することを嫌がり，食品加工の作業学習で必要な身支度をしても，作業の途中で帽子を取ったり，

手袋を脱いだりすることもあった。それでも，身支度をしている仲間と共に作業学習を続けるうちに，作業中は，自分から帽子や手袋を脱がないようになってきた。一方，上から手で押さえればクッキーの生地を同じ形に切ることのできる補助具の開発も行ったことで，自分一人で作業の一工程ができるようになってきた。さらに，作業に必要な道具の絵を作業台に示すことで，自分から道具を持って来ることもできるようにもなった。作業に集中できるようになってくると，身支度も自分からできるようになってきた。このようになるまでには１年近くかかったが，自閉症のある生徒の特性をつかみ，補助具を工夫したり，作業の場所をわかりやすくしたりすることで，一工程の作業を生徒一人で担えるようになってくることが確認できた。

　２年目は，作業学習で自分が分担している工程を理解し，作業に集中できるようになることを目標に，指導内容・方法の改善に取り組んだ。ｇ児は，時々作業中に手を止めるなど，集中が途切れることがあった。その際，教師は，ｇ児にわかるように写真や絵で示した一つ一つの工程を示した表を用意し，ｇ児がどこまでやっていて，次にどの工程をやるのかを工程表で示し，作業に注意が向けられるようにした。そうすることで，ｇ児は，自分で確かめながら，次の工程に取り組むようになった。本人もこの工程表を自分から見るようになり，手が止まってしまっても，短時間で自分の作業に復帰できるようになってきた。また，工程表が介在することで，ｇ児と教師のコミュニケーションがうまく取れるようになった。

　３年目は，生徒同士のつながりが理解できるように作業学習を展開することを目標に，指導内容・方法のさらなる改善に取り組んだ。ｇ児は，他人を意識しながら作業をしたり，作業で必要な情報を他人に伝えたりすることが難しい。そこで，食品加工の原材料の計量，生地作り，型抜き，焼き，袋詰めなどすべての工程のそれぞれのつながり方を分析し，作業効率のよい配置に変えた。その際，例えば，型抜きの工程が終わったら，次の焼きの工程に生徒が持って行って，生徒同士で受け渡しの言葉掛けをするようにした。このことによって，生徒同士が作業に必要な声掛けをするようになり，食品加工の作業全体が生徒のつながりによって成り立っていることがｇ児にもわかるようになってきた。

〔2〕比較的障害の程度が軽い自閉症のある生徒の指導内容・方法

　障害の軽い自閉症のある生徒は，作業学習での一つ一つの工程を理解し，作業活動をやり遂げることは比較的容易であるが，作業活動全体で求められていることを理解することや他人と協力して行うことが苦手なことが多い。ここでは，高等部職業学科での事務作業の実践を基に，生徒同士が協力し，作業の段取りも含め生徒が運営の中心になって進める作業学習の指導内容・方法の工夫の仕方について検討する。

　事務作業は，生産作業と比べて，準備から完成までの作業工程が短く，データ入力，印刷，紙折，袋詰めなど，一つ一つの軽作業もわかりやすいので，自閉症のある生徒が一つ一つの作業に十分取り組めることが多い。高等部の事務作業では，企業就労に向けた実践力を培うために，顧客意識，時間意識，品質意識，責任感を身に付けられることもねらいにする必要がある。そこで，事務作業班では，発注者の名前，求められる品質，納期などを表示したり，作業配置図を作成したりして，自閉症のある生徒が視覚的に情報を確認できるように工夫している。

　このような事務作業班は，校内だけではなく，近隣の学校や健全育成協議会などの地域の団体，企業などから事務作業を受注している。そんな中，大量の事務作業が入ったことをきっかけに，生徒が主体的に作業を進めるための仕組みを確立するための検討を行った。具体的には，作業の時間配分や資材管理，作業準備，作業分担を生徒の力で行えるようにするための工夫について検討した。

　時間配分を生徒の力で行えるようにする取組では，まず工程を分け，一つの工程での一定量にかかる作業時間をストップウォッチで計測するようにした。それを踏まえ，一つの工程で必要とする作業量を何分で行うかを生産準備表に記入するように工夫した。そして，何時までにどの工程を終えるのかを考え，目標とする終了予定の時間までの時間枠を塗りつぶすようにした。このように，必要な作業時間をいつでも目で確認できるように，生徒自身が生産準備表に記入することにより，時間を意識して作業する習慣の定着を図ることができた。

　資材管理の取組では，必要な資材と，使用する設備，それとともに作業の注意点を生産準備表に生徒が記入するようにした。複数の受注作業が進行してい

る場合は，作業場の調整をした上で，使用する設備を決めなければならない。その場合は，教師が用意した作業場の見取図を基に，生徒がどの作業場を使えるのかを判断できるように支援をしている。このような支援があって，生徒は資材管理を自らの力でやり遂げられるようになっている。

　生産準備をしたり，作業分担を生徒が決めるようにしたりするためには，まず，日々の注文状況を生徒自身で管理できるようにする必要がある。そこで，受注管理ボードに，その日の全受注を掲示して，作業の進捗状況や作業担当者，締切日などを生徒が記入できるようにした。教師が用意した作業場の見取図に生徒の名札を張り付けるようにすることで，全体を見通しながら，作業分担を決めることができるようにした。

　発注者とのやりとりも生徒の力でできるように取り組んでいる。例えば，受注管理ボードには，発注者であるお客様の名前を掲示するとともに，納品先への電話や，引き渡しも生徒が行えるようにした。

　このように，注文の受付から納品までの受注作業の一つ一つの工程を分析し，その工程を処理するのに必要な力が発揮できるように工夫することにより，自閉症のある生徒も自分の力で取り組めるようになると考えられる。

3 ● 生活場面を想定した生活指導にかかわる個別の指導計画の作成

　高等部では，ホームルームや部活動で仲間と一緒に活動することを通して，自分の持ち味を発揮したり，他人のよさに気付いたりするなど，将来の生活にも役に立つ人間関係を学ぶことになる。自閉症のある生徒は，言葉や表情，周りの状況などを総合的に判断して，相手が言いたいことを読み取り，行動することが困難なこともある。学校生活の様々な場面で，相手にかかわる具体的な方法を学べるようにすることが必要である。

　例えば，ホームルームで，学校生活の様々なルールについて取り上げる際は，ルールがあることによって集団での生活が円滑にいくこと，そのことにより自分の学校生活を守ることができることなどについて話し合うことも考えられる。また，部活動などの活動を通して，集団の中で自分の役割を果たしていることが理解できるように支援することも考えられる。このように，様々な生活場面を想定し，自閉症のある生徒の生活指導にかかわる個別の指導計画を作成することも有効である。

〈尾崎　祐三〉

5 授業での工夫

特別支援学校 自分の思い出を書く（自分のよさを見つける）

❶ 生徒の様子
　h児。高等部3年生，男子。幼少時に自閉症の診断を受ける。中学校は通常の学級に進学するが，不適応のため特別支援学級に転級。卒業後，特別支援学校に入学する。読み書きはできるが，文章は一文が長く，助詞の使い方を間違うこともある。

❷ 指導目標
・幼少時代から高等部卒業までを振り返り，その当時のことを文章にまとめる。
・書いた文章をパソコンを使って入力する。
・自分で書いた文章を推敲することで文章表現を深め，適切な言葉を考える。

❸ 指導計画
①　国語の時間に作文を書く。
②　文章はパソコンを用いて入力し，授業で読み合わせをする。
③　入力した文章を印刷して読み直し，誤字・脱字などの修正をするとともに，自分の考えや気持ちに合った言葉を選んで表現しているか考える。

❹ 指導の工夫
・小さい頃から今までというのは広範囲で書きにくいため，生まれてから小学校に入学するまでの幼少時代，小学校時代，中学校時代，高等学校時代というように区切りを示し，時代ごとの自分を思い出して書く。
・入力した文章を推敲するために，学級全体でも文章を読み合い，質問や共感する言葉を出し合うことで，本人の考えが深まり，適切な表現や言葉を考えられるようにする。

❺ 指導の実際
〔1〕○○時代の自分を思い出し，作文を書く
　書き出しは「○○時代を思い出すと，……」，最後に「今，振り返ってみると，

○○時代の私は▲▲の子供でした」というように，書き出しと最後のまとめの言葉のパターンを決めて書くことを説明した。出来事を細かに覚えているため文章がまとまらず苦労していたので，本人の書きたいことをすべて書いてもらった。ただし，本人や他人のプライバシーに関することは書かないということも決めた。書く時代は本人が書きやすい時代から書くようにした。

〔2〕パソコンで入力する

下書きした原稿はパソコンを用いて入力した。Ａ４の用紙に各時代がまとまるような表を作成し，字数・行数も設定してパソコンに貼り付けた。

〔3〕内容を推敲し，表現を考える

下書きしたすべての内容を入力することはできないため，書く内容の選別を教師と行った。長い文章になると過去形・現在形が混在すること，事柄が二つも三つも記述され文意が伝わらないこと，主語・述語の関係が不明確になることなどが見られた。そのため，①文章を短くする。一つの出来事，動作は一つの文で完結する。②過去の出来事なので，過去形を用いる。③その時代の自分を客観的に表現し，最後の言葉の「▲▲の子供」には，高校３年生の自分が感じた言葉を入れて書くこと，とした。

❻ 生徒の変容

最初は自分の経験を話すことに抵抗があったものの，話し出すと細かいことにこだわった。出来事も順番に思い出すのではなく，印象的な事柄，嫌だったこと，失敗したことが多く，自分を肯定した言葉が少なかった。

そこで，早い段階に他の生徒から，ｈ児の高等部時代のよい出来事を数多く挙げてもらった。友人からは，「入学したときは人と話そうとしなかったが，少しずつ話をするようになり，相談に乗ってくれた」「人が嫌がることも責任をもって行った」などｈ児の長所がたくさん挙がった。そして，友人が挙げてくれた自分を肯定する言葉を入力し，比較する中から，自信をもてる言葉として「友人から頼られる生徒であった」というようにまとめることができた。このように一つの時代を書いてみることで，他の時代を書くポイントが理解でき，完成することができた。そして，全員で読み合わせを行い，自分だけではなく友人の歩んできた道を知ることで，より一層の深い友人関係を構築することができた。

〈武藤まさ子〉

[特別支援学校] **布製品を作って，販売しよう**

❶──生徒の様子
　i児。高等部1年生，女子。中学校3年次のWISC-Ⅳの結果は，全検査57，言語理解64，知覚推理71，ワーキングメモリー63，処理速度58。数字や計算に興味を示し，暗算も得意である。都道府県名などある程度難解な漢字も読み書きできる。周囲の状況に敏感に反応し，集中力が途切れやすい。するべき行動を自発的に判断することは苦手だが，提示されて定着したことは守ろうとする。模倣はやや困難で，ラジオ体操など周囲と動きを合わせることは苦手である。騒がしい場所は苦手。テレビのけんかの声を聴いても泣くことがある。自分とかかわりのある人の名前や家族構成に関心がある。

❷──指導目標
・決められた時間内（30～40分）は集中して作業する。
・自分の役割を理解し，準備，作業，片付けを一人ですることができる。

❸──指導計画
　週6～8時間の作業の時間に，布地を使って製品を作り，販売する活動に取り組む。1～3学期に1回ずつ行う校内や校外での販売活動を目標にして製品作りをする。作業は巾着袋の直線縫いとひも通しに固定する。1学期は自分の役割を理解し，集中できる方法を知り練習すること，2学期は休憩と集中することの大切さを知ること，3学期は集中して作業できる時間を延ばすことを重点的な目標とし，環境設定等に配慮しながら指導する。

❹──指導の工夫
　i児は文字の読み取りは非常に早いものの，言葉での長い指示は苦手であるため，できるだけメモやイラスト等で伝えるようにした。言葉で伝える場合は，「①○○します。②△△に持って行きます」のように，短文で，具体的に示すようにした。また，ルールやマナーは，「何をするんでしたか？」等と質問し，適切な言葉で自ら言語化させることで意識しやすいようにした。
　主体的な生活や自立のために特に重要と思われる点は，「なぜなのか」等の一問一答を本人と繰り返し，行動の意味や価値を知り，自覚できるようにした。

❺──指導の実際

〔1〕1学期

本人の特性や得意なスキルを生かして,班全員の完成製品数を暗算して発表する。掃除はアイロンの片付けやゴミ捨てに固定するなど具体的な作業を任せ,自分の役割を理解し,自信をもって取り組みやすいようにした。

午後になると集中力が低下してそわそわし,ミシンの操作で怪我をしたこともあったため,通常より時間や内容を工夫した休憩時間が必要と判断し,実践した。場所と時間を設定して本人にタイマーを渡し,初めは実際に体を横にする姿勢を見せて「休憩」のイメージをもてるようにした。

〔2〕2学期

休憩の必要性を本人が実感できず,個別の休憩を拒否する態度を見せた。集中できないと足を踏み鳴らしたり,歩き回ったりする等の行動がやはり頻繁に見られたため,「休憩しないとどうなるかな？」「集中しないで仕事したらどうなるかな？」と問い掛けて考える場面をつくり,本人に「休憩しない→集中できない→疲れて怪我をしやすくなる→休憩は大切」という理解をできるようにした。

〔3〕3学期

周囲の生徒からの言葉掛けが刺激となり,気分が高揚して話し続けたり,無意味な声を発したりする等の行動が見られた。そのため,作業場所を自分のペースで集中できる場所に移動し,周囲をパーテーションで区切るようにした。

❻──生徒の変容

休憩の習慣が定着し,時計を見ながら自律的な行動が取れるようになった。その結果,気分転換ができて,午後も私語やそわそわする等の行動がかなり減少し,30分ほどは集中して作業できるようになった。また,準備や片付けの際,言葉掛けがなくても道具を準備して作業に取り掛かったり,ゴミ捨てなど担当の仕事に取り組んだりすることが増えた。時々,独り言を言いながら歩き回る場面もあったが,「何をする時間かな？」と短く言葉を掛けるだけで席に戻れるようになった。

〈松浦　美穂〉

特別支援学校 やりたいことにトライやる

❶──生徒の様子

　j児。高等部3年生，男子。特定の他者に対し積極的に話し掛けることができるが，好きな映画のワンシーンを摸倣したやりとりを繰り返すことが多い。好きなキャラクターを描いたり音楽を聴いたりすることに興味をもっており，音楽についてはリズム感が優れている。聴いた曲のリズムを摸倣し，同じリズムで太鼓を叩くことができる。余暇を楽しむことを題材に設定した「総合的な学習の時間」では，自らミュージック・ダンス班を希望した。

❷──指導目標

・自分の得意なことや好きなことを十分に発揮しながら，音楽を愛好する仲間と共に，歌やリズム，楽器演奏，ダンスなどの音楽活動に親しむことができる。
・メンバーと協力して，音やリズムの重なりを表現することができる。

❸──指導計画

　本校のキャリア教育に基づき，将来的な余暇を楽しむ力を育むことを目標に，「総合的な学習の時間」に本題材を設定した。活動班は，高等部全生徒の興味・関心に基づき，国際理解班，調理班，ものづくり班，ミュージック・ダンス班，野外活動班の五つの班に編成した。次に，各班で課題意識調査を行い，体験型の学習を基本に計画し，生徒一人一人のニーズに応じた指導・支援を行った。

　j児が所属するミュージック・ダンス班では，オリジナル曲づくり，ボディパーカッション，太鼓，ダンスのパート別活動を行った。学習内容に合わせて2回の校外学習を行い，最終日には，五つの班で学習成果発表会を行った。

❹──指導の工夫

　事前にj児の好きな台詞や動作を集約し，発表会に向けたオリジナル曲の歌詞づくりやオリジナルダンスづくり，振付に最大限に取り入れるようにした。新しく覚えるリズムや動きは教師が見本を示し，それらの摸倣を繰り返し，事後学習でモニターを見ながら即時強化した。j児の表現を言葉にして返し，j児と他のパートのメンバーとの相互理解を深めながら曲を創り出していく学習

を計画した。

❺──指導の実際

〔1〕課題意識調査

「歌いたい」「楽器を吹きたい」「カラオケに行きたい」「踊りたい」「ボディパーカッションをしたい」という他のメンバーの意見に，j児の「太鼓をしたい」という意見を取り入れて学習内容を構成した。

〔2〕パート別活動

j児は他の生徒とペアになって太鼓演奏を担当した。自由につくったリズムを演奏し合い，お互いがどのように感じたか話し合うようにした。また，十六分音符や三連符が入った難しいリズムの練習を重ね，他の生徒と2人で掛け合いながら叩くことができた。

〔3〕校外学習

近隣高校の音楽室へ行き，本校にはない様々な楽器に触れ，音に親しんだ。一人ずつ音を鳴らす際に楽器の周囲に呼び寄せ，j児に他者の反応がわかるようにし，やりとりを促す働き掛けを行った。また，地域のカラオケ店を利用し，歌うことが好きな仲間と共に，自信をもって自ら進んで歌うようにすることができた。

〔4〕学習成果発表会

活動のまとめとして，発表会でコンサートを行った。人前で発表することや自分の出番で発表するなど，グループにおける役割や仲間と力を合わせる意識をもつようにし，状況に合った関係づくりを行った。

❻──生徒の変容

様々な体験を行い，それらから選択することで，やりたいことを明確に伝えることができるようになった。また，内容を一つ一つ伝えたり，時間をかけて話をしたりしたことで，自分の意見や行動を振り返り，周囲の人と共に音楽に親しむ様子が見られた。このように，余暇を楽しむ上でも，自己選択や自己決定を通して自分の意思を表現し伝える力は，自分に合った地域資源の活用につながるとともに，職業生活や社会生活，将来設計に基づいた楽しみ方につながると考える。

〈林　健太郎〉

特別支援学校 みんなで泊まろう，出掛けよう
～校内宿泊と校外学習～

❶──生徒の様子
・高等部2年生，男子。発達年齢6：1／発達指数39（新版K式2001）。
・年月日や乗り物にこだわりがあり，予定の変更等に柔軟に対応することが難しい。偏食があり，果物や赤色の食品が苦手である。小学校中学年の漢字の読み書きや3位数の加減計算ができる。言葉での簡単なやりとりは可。
・集団活動には一応ついていけるが，友達と一緒に遊んだり，会話を楽しんだりすることは難しい。時々，感情が高まり言動が攻撃的になる。

❷──指導目標
・集団での寝食や活動を通して，責任をもって自分の役割を果たしたり，協力したりすることができるようにする。
・自分たちで外出計画を立てたり，実際に公共交通機関を利用したりして，友達と一緒に活動する楽しさを味わうことができるようにする。

❸──指導計画
全33時間で計画し，学部全体，学級，班を組み合わせた学習形態とする。
①　校内宿泊に関する学習……17時間（目標の決定，班編成，しおりの作成，調理，清掃の計画，レクリェーションの計画，持ち物の準備，振り返りなど）
②　校外学習に関する学習……16時間（目標の決定，班編成，目的地調べ，地図や時刻表の使い方，公共施設の利用の仕方，安全面，振り返りなど）

❹──指導の工夫
・学級単位の活動やグループでの活動を柔軟に取り入れることで，より多くの生徒や教師と触れ合い，対人関係を深められるような状況を設定する。
・責任をもって自分の役割を果たしたり，協力したりする活動を設定する。
・集団活動の楽しさを味わったり，友達との絆を深めたりすることで，卒業後の余暇利用への意欲を高めることができるように配慮する。

❺──指導の実際
〔1〕適時性のある自分の目標を決める
　本生徒の生活単元学習における年間目標は，「スムーズに集団活動に参加を

することができる」である。個別の指導計画も踏まえて，本単元での目標は「係の仕事を最後までやりとげよう」「決まりを守ってみんなと一緒に楽しく出掛けよう」とし，教室に掲示して意識付けた。

〔2〕見通しがもてる学習計画を立てる

みんなで楽しく調理

本生徒が確かな見通しをもって意欲的に取り組めるように，十分な時間を確保した学習計画と当日（1泊2日，校外学習は2日目）の実施計画を作成した。また，いつでも視覚的に確認できるように，表にして掲示した。計画した内容については，グループごとにしおりを作成し，学習期間中はいつでも取り出して確認できるようにした。係の分担は自分の意思で決定した。

〔3〕学級や班で協力して準備をする

宿泊学習での掃除，調理，レクリエーション，入浴，就寝など，一連の活動の準備を役割分担し，また家庭と連携しながら進めた。さらに，校外学習の計画では，得意なインターネットの操作力を生かし，目的地や交通機関等について調べるなど，自ら意欲的に活動できる場を設定した。

〔4〕宿泊と校外学習に参加する，振り返る

当日は，情緒が不安定にならないよう，適宜スケジュールへの見通しをもてるようにした。食事も，嫌いな物でも自分で作ったことを意識して，みんなで楽しく食べるような雰囲気をつくった。校外学習では，バスへの乗車等，リーダー的な役割を担った。学習の振り返りでは，友達と楽しく活動ができた場面を映像等で確認し，称賛することで次の活動への動機付けを高めた。

❻ 生徒の変容

実際の活動では，日程の急な変更もあったが，情緒が不安定になることもなく，最後まで落ち着いて友達と楽しく参加することができた。各活動では，自分で選択して決めた役割を意識するようにして，活動のまとまりごとにやり遂げたことを確認し称賛することで，「がんばりました」という言葉が何回も本人から聞かれるなど，成就感・満足感をもつことができた。

〈岩本　伸一〉

特別支援学校 **インターンシップ**

❶──生徒の様子
　日常生活において必要なコミュニケーションが成立し，公共交通機関を使って単独で学校や実習先に通うことができる軽度の知的障害がある生徒たちである。全員が企業就労を目指して入学してくる。

❷──指導目標
　生徒一人一人が企業と協働した産業現場実習（インターンシップ）を通して，自己有能感をもつとともに，自己理解を深め，自分のよさを生かして積極的に社会に貢献しようとする意欲を育む。

❸──指導の工夫
　職場実習の前には必ず生徒本人と事前学習の機会をもち，実習の目標を担任と一緒に考えて自分自身で設定している。

　実習後は実習先のまとめの会や校内の事後学習で，企業側の実習担当者や担任，就労支援コーディネータ（学校独自の呼称）が記した項目ごとのＡＢＣ評価を参考にしながら生徒自ら実習についての振り返りを行い，目標に対する自己評価や新たに気付いた課題について，授業や次の職場実習にフィードバックしている。一度の実習で完結させず，次につなげていくことが大切であると考える。

❹──職場実習と「四つのステージ」を基本とした移行支援
　キャリア発達の節目を考慮した四つのステージから成る標準移行支援プログラムでは，付けたい力のコアを以下のように設定している。
・１ステージ：意欲・態度の形成と人間関係・社会関係形成能力
・２ステージ：自己理解・自己管理能力
・３ステージ：意思決定し課題に対応する能力
・４ステージ：将来設計（キャリアプランニング）能力

　この四つのステージを基本とした移行支援に沿って，職場実習も４段階で設定している。

❺──四つのステージを基本とした産業現場実習の実施

〔1〕1ステージ：第1学年を標準とする

　最初2回は5～7人の集団で実習を行い，職場の雰囲気を体験する。次に，個人での実習を1週間程度，3～4回経験する。1ステージの実習では，あいさつ，返事，報告といった基本的なコミュニケーション力や職場のルールを守る姿勢を身に付け，働くことの意義や多様性を理解し，様々な情報を基に自分の将来を考えられるようになる。

〔2〕2ステージ：第2学年を標準とする

　標準的には2～3週間の実習を4～5回設定する。苦手な内容や難易度の高い実習も生徒本人が理解した上で実施する。自己理解を深め，どんな仕事ができるのかを自己表現できるようになる。

〔3〕3ステージ：第3学年を標準とし，内定が受けられるまで

　自分の課題に向き合い，その解決を図る実習であり，この仕事をしたいという自己決定と自己アピールをしていく。実習期間や回数に個人差はあるが，標準的には3～4週間の実習を2～3回実施する。

〔4〕4ステージ：内定を受けられた以降で，卒業し就業するまで

　雇用が前提となった職場で社会人としての生活をイメージした実習を行う。勤務実態に合わせたシフト勤務や早朝出勤なども経験していく。また，早期の離職を防ぐ意味での課題解決を図る実習でもある。

❻──生徒の変容

　自分は他の人より仕事ができるという過大な自己理解をしていた生徒が実習先での食品盛り付けの作業についていけず，自分の現実の力に気付き自信をなくしていた。そんなとき，職場の方から協力して仕事をすることの大切さを教えていただき，自分から素直にあいさつを始めた。自分はできるということにこだわっていたこの生徒が自分のことを振り返り，素直に人の話が聞けるようになったことで，周囲と力を合わせることを学び，社会人としてスタートを切ることができた。

　このように，多くの生徒が実習でできるようになったことや失敗を糧に学んだことで，自信と生きる力を身に付け成長している。

〈野田　　誠〉

高等特別支援学校　働くために

❶──生徒の様子
　k児。職業学科1年生，男子。自閉症。田中ビネー式知能検査IQ75。作業学習での評価では，「自分は何ができていて何ができないか」を概ね理解できている。しかし，「自分の将来のことや将来に向け今の自分にどんな力が必要なのか」といった明確な目標をもつまでには至っていない。

❷──指導目標
・「どの程度できている」など，現在の自分の力を客観的に評価できる。
・今後の学校生活について具体的な目標を立てることができる。

❸──指導計画
　初めに，社会生活で大切な「働く力」の内容について話し合い，本校の「働く人になるためのチェックリスト」(以下「チェックリスト」)を活用して高校生活の中で身に付けるべき力の具体的な内容について知る。次に，「チェックリスト」を用いて自己評価を行う。最後に，自己評価の結果を発表し，クラスメイトから評価を受ける。

※「チェックリスト」は，日常生活，対人関係，作業力，作業態度の4区分(33項目)。現場実習評価表や作業学習の日誌と関連性をもたせ，教師と生徒が同じ視点で評価できるもの。

❹──指導の工夫
　「チェックリスト」を生徒の実態に応じてわかりやすくしたり，作業学習の内容と関連させ，具体的にイメージできる評価基準を設定したりして，客観的に自己評価できるようにする。また，グラフを使用するなど生徒が視覚的にも

項目	どのような力	評価	評価のものさし
基礎的日常生活	身だしなみ 遅刻・早退・欠席		1 できない。手伝ってもらっている。 2 だいたいできる。注意される。 3 できる。安定している。
	感情のコントロール		
対人関係	挨拶返事ができる		1 ほとんどできない。

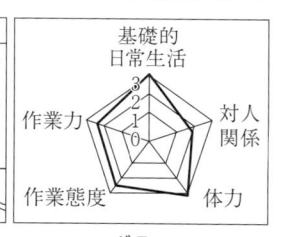

チェックリスト　　　　　　　　　グラフ

確認できる工夫をする。

❺ 指導の実際

〔1〕「働く力」についての具体的な理解

働くために必要な力とは具体的にどのような内容であるか，グループで話し合いを行った。働く生活について具体的なイメージをもって意見を出せるよう，前回の単元「進路に向けて」で学習した内容（DVD「いろいろな仕事」「先輩方の実習の様子」等）を思い出し，具体的な仕事を例に考えるようにした。

〔2〕「チェックリスト」を活用した自己評価

「チェックリスト」を活用し，現在の自分の力を自己評価した。このときに，作業学習の評価や現場実習の評価表と「チェックリスト」での自己評価とを比較することで，より客観的に自己評価をすることができた。

〔3〕自己評価の発表とクラスメイトからの評価

自己評価した内容について，自分の言葉で発表した。特に自分は「何が，どの程度できる」のか，「何がまだできないので，今後がんばっていく」のかを発表するようにした。そうすることで，周囲に対してできることや支援が必要なことについて，自分で伝える力を身に付けることができた。また，自分のことについて，クラスメイトからの評価を受けることで，自分はどのように評価されているかを理解することができた。

❻ 生徒の変容

今回の学習の自己評価においては，自分の働く力について「チェックリスト」を使ったり，グラフにまとめたりすることにより，今の自分は「何ができていて何ができていない」のかなど，客観的に評価することができた。友達から受けた評価や友達個々への評価をすることにより，働くために必要な力の理解を深めることができた。

これまでは，将来の生活をイメージし，そのために必要な力と自分の現在の力を合わせて考えることができていなかったが，今回の学習を通して「将来，接客よりも，食品製造にかかわる仕事をしたいから，作業学習や体力つくりをがんばりたい」と，自分の進路希望をより具体的に考えることができるようになり，さらに，その進路のために，今後どのような力を身に付けるべきかを考えることができるようになった。

〈岩佐　延寿，坂内　仁〉

高等特別支援学校 地域生活に必要な「あいさつ・時間を守る・環境整備」について考えよう

❶──生徒の様子
　Ｉ児は，学校生活から地域生活への移行期に当たる高等部３年生男子。卒業後の生活にスムーズに移行させるための意識付けが必要である。また，Ｉ児の実態として，言語のみの抽象的な指示理解が難しいので，視覚的に理解できる教材・教具を用いて，具体的かつ端的に指示を出す必要がある。

❷──指導目標
・卒業後，自分の住んでいる地域での生活を考え，地域生活をしていく上で，周囲の人たちから求められるものは何かをビデオ視聴などによって理解することができる。
・自分の住んでいる地域でのあいさつ，時間遵守，環境整備の必要性やよさを，グループの話し合い活動によって理解することができる。

❸──指導計画
① 「気付く」段階（第１～４時）：自分の住んでいる地域での生活について考える。
② 「深める」段階（第５～８時）：自分の住んでいる地域でルールを守るよさについて考える。
③ 「生かす」段階（第９時）：自分の住んでいる地域で生活するに当たって必要なことを考える。

❹──指導の工夫
　話し合い活動（トーキングタイム）に当たっては，スムーズに話し合いが行えるようにするために，話し合いの手順書を準備した。また，自分の考えやグループの考えを引き出すために，テーマに基づいて視覚的に表した絵カード（地域生活カード）を用いて話し合い活動が進むようにした。さらに，Ｉ児への指導においては，全般的に次の２点に留意した。
・トーキングタイムの手順や覚える事柄を提示するときは，言葉で一つ一つ順を追って，短い言葉で定義付けて説明すること。
・トーキングタイムの時間を十分に取り，話し合った内容を学習プリントに写

す量を減らすこと。
❺ 指導の実際
〔1〕「気付く」段階

1児は，今まで卒業後の生活については就労面しか考えていなかったが，地域での生活のスライドやビデオを視聴し，気付いたことの発表や学習プリントへのまとめを通して，卒業後，自分の住んでいる地域での生活について考えるようになった。また，自分の住んでいる地域でも，あいさつ，時間遵守，環境整備が大切だということに気付いた。

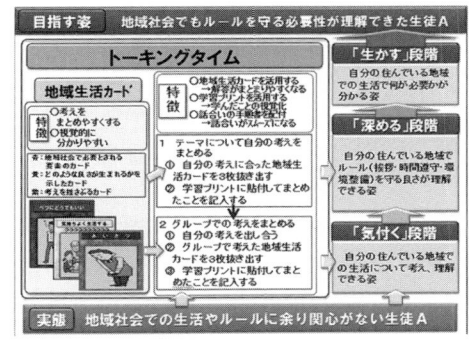

単元構想図

〔2〕「深める」段階

1児は，話し合い活動の過程で，卒業後の生活を安定かつ快適なものにするためには，あいさつ，時間遵守，環境整備が必要であることに気付き，その必要性について発言できるようになった。それは，地域生活カードを用いて話し合い活動を行ったことが，解答を導くヒントを提示する手立てとなり，話し合ったことをまとめやすくなったからである。1児は，「選択肢や意味がわかりやすく，自分の思ったことが言いやすくなった」という感想を述べた。

〔3〕「生かす」段階

1児は，今までのトーキングタイムを基に考え，「あいさつをし，時間を守り，環境整備をして地域の人と仲良く協力して一員として認めてもらえるようにし，安心して生活できるようにする」と，発表することができた。

❻ 生徒の変容

本単元の授業の前までは，地域生活にあまり関心がなかったが，地域生活カードから自分の考えに合ったものを選んで話し合い，学習プリントにまとめていく過程で，あいさつ，時間遵守，環境整備の必要性やよさを実感することができ，今後の生活にも生かしていこうとする姿が見られるようになった。現在，1児は企業に就職し，清掃の仕事を行っている。仕事に遅れることなく出勤し，あいさつを自ら進んで行い，建物の隅々まできれいに清掃しているということで，現場からも高い評価を得ている。

〈江嵜　智宏〉

高等学校 保健相談部の設置

❶——本校の成り立ち・概要
　本校は，昼夜間定時制の学校で，普通科，単位制，三部制という特徴がある。在籍数は約950名。その内高校以前の学校生活で不登校や何らかの理由で長期欠席を経験した生徒が受験する「チャレンジ枠」で選抜される生徒が20%在籍する。定時制ではあるが半数以上が三修制（3年）で卒業していくが，最長6年間在籍できるため，欠席数や成績不振で単位習得が進んでいなくても，必履修科目を再履修し，多数開講される自由選択授業の受講，学校外での活動によって単位習得を重ねることで，卒業を目指すことができる。

❷——特別ではない特別支援教育の推進を目指して
　本校の特別支援教育に対する基本姿勢は，「生徒一人一人の『教育的ニーズ』や『不安』を受け止めて支援する」である。障害名から生徒の「理解」や「支援」を発想せずに，生徒一人一人としっかり話をし，信頼関係を構築しながら，それぞれに合ったかかわりを行う。「いつ」でも「だれ」でも生徒との窓口となれるように学校全体の「教育相談力」を向上させていくため，その推進役を保健相談部が担っている。保健相談部には，スクールカウンセラーや臨床発達心理士など専門家も組織の一員として位置付け，必要時に専門家の助言を支援に生かせる体制を整えている。その際，対応の難しい生徒が専門家任せとならないように「生徒支援の基本は教員」と考え，学校全体で生徒に対応できる組織づくりが最終目標である。

❸——自閉症スペクトラム障害児への支援
　以下，本校の特別支援教育の具体的な取組を示すが，自閉症スペクトラム障害児の支援についても，他の生徒の支援と同様に行っている。支援を行う際には生徒の教育的ニーズを聞き取るため，本人や保護者との面談を，専門家を交えるなど様々な形で実施し，担任と連携して保健相談部が関与している。

❹——「特別支援教育を行うための体制の整備及び必要な取組」の視点から
〔1〕特別支援教育に関する校内委員会の設置
　校内委員会として「カウンセリング委員会」を実施。週時程内に設定し，管

理職や保健相談部，学年主任，担任などが参加する。スクールカウンセラーや臨床発達心理士も参加し，専門家の助言が生かせる体制となっている。

〔2〕実態把握と「個別の指導計画」の作成

実態把握は入学後の「相談カード」，「保健カード」，担任からの情報により確認する。担任は二者面談，三者面談など，年数回設定されている面談から実態把握を行う。障害の有無にかかわらず，特別支援教育コーディネーターは調査された資料に基づき，配慮や支援の必要な生徒がすべての教職員によって確認できるように「発達障害等の生徒への配慮・支援シート」を作成する。このシートは，成績会議等で成績や単位の修得状況と合わせて内容が確認される。これによって当該生徒が「配慮・支援」の必要な生徒という認識に立って，学習，生活，進路等の支援がなされることとなり，この資料は「個別の指導計画」とリンクされ活用される。

〔3〕特別支援教育コーディネーターの指名と関係機関との連携

本校の特別支援教育コーディネーターは3名指名され，保健相談部に置かれている。特別支援教育コーディネーターは関係機関との連携を進める上でのキーパーソンであるが，生徒本人にとって必要な関係機関についての情報を整理し，担任等へ提案するなどの役割も担う。

〔4〕関係機関との連携を図った「個別の教育支援計画」の策定と活用

本校では入学後に提出される「相談カード」が，「個別の教育支援計画」に準じた役割を担っている。このカードには最初，「学校としての支援」「校長の印」「保護者の確認印」が記載されていないが，この3項目が加筆されることで「個別の教育支援計画」として機能する。現状では中学校の「個別の教育支援計画」が高校に引き継がれないことから，全生徒について作成することとした。

〔5〕教員の専門性の向上

教員の「専門性の向上」には，カウンセリング委員会でのOJT，夏季休業中の全職員対象の研修を中心に実施している。発達障害，障害者福祉制度，特別支援教育の視点を踏まえた授業，相談時の基本姿勢などが研修内容である。

〈末石　忠史〉

高等学校　学び直しのベーシック

❶──本校の特色

　本校は中学校まで学習に十分力を発揮できなかった生徒や，高校入学後，改めて学び直したいと考えている生徒を，励まし，応援し，自信を与え，潜在的能力を伸ばすことを目的とした学校である。

　読み書きや言葉の理解の仕方に課題があったり，分数などの理解が難しかったり，明確な診断はないものの発達障害の疑いがあったりする生徒も多く在籍している。そのため，「学び直し＝生き直し」として個々のつまずきの再確認からその改善，あるいは繰り返し学習することで，今ある力をより発揮できるようにすることを学校の教育目標としている。

❷──学び直しのベーシック

〔1〕ベーシックⅠ

　「ベーシックⅠ」は，社会生活に必要な基礎基本を身に付けるための学習である。基本的には自学自習で進めていく。私語は慎み，50分間授業に集中する姿勢や，自力で問題に取り組む力の育成，また，「できる・わかる喜び」を感じ，生徒の自己肯定感を取り戻すことも大事であると考えて設置した学校設定科目である。

　内容は，国語，数学，英語を，小・中学校の内容までさかのぼり，教師自作の学習プリントを使って一人一人のペースで学習を進めていく。この授業はクラス単位で行い，プリント課題に個人個人が取り組み，できた生徒は教師のところに行き，チェックとアドバイスを受ける。

　ベーシックⅠの時間数は週に2時間あり，国語，数学，英語と毎回内容を変えて，年間を通じて取り組んでいく。到達度の確認のために学期ごとに到達度テストを行い，自分がどれだけ理解できているのかを明確にし，各自に合ったペースで基礎基本の定着を図っている。

●主な内容
・国語：片仮名，漢字の読み書き，辞書の引き方など
・数学：四則計算の基本，分数・小数の計算，百分率など

・英語：アルファベット，基本単語・熟語，簡単な日常会話など

　先に述べたとおり，基本的に自習形式で進めるが，中でも数学は，自習プリントを前にして，最初から固まってしまう生徒がいる。そういう生徒は早い段階でリストアップし，個別に特別な配慮をして3人の教師が言葉掛けをし，より丁寧にアドバイスをしながら進めている。

　課題プリントの見直しと，国語や英語でも数学と同じようにリストアップして早い段階から個別の指導をするかどうかが課題である。

〔2〕ベーシックⅡ

　「ベーシックⅡ」は，基礎学力の向上を目標とする30分の授業である。現在は週に3回の設定であるが，平成27年度からは朝の30分学習として毎日取り組むことを予定している。1学年では「読み」「書き」「計算」に特化した内容を反復して学習し，2学年では進路活動に向けて必要な基礎学力の向上を目指している。

　「読み」「書き」「計算」に特化したプリントを反復して行うことで，小・中学校や高校の授業における基礎事項を学ぶとともに，学習に取り組む姿勢を養うことも同時にねらっている。

　これら以外にも，管理職や他の教師が授業を常に見回り，生徒への指示を図示（視覚化）する，教室の机を常にまっすぐに整える，授業の始めと終わりにメリハリをつけて服装を整える，といった工夫を，学校を挙げて行っている。どちらかと言うと自分から形を整えていくことが苦手なタイプの生徒も，こうして教師側が形を整えて授業を進めることで，安心して授業に集中できるようである。

❸──生徒の変容

　学び直しの授業の工夫が毎年積み上げられていくにつれて，中途退学者の数を大きく減らすことができた。学校として特別支援教育の考えが浸透しつつあり，生徒をとことん面倒見るという学校の姿勢につながっている。

〈花木　　敦〉

高等学校 私立高等学校の置かれている現状

　高校には特別な支援を必要としている生徒が在籍しており，インクルーシブな状態にある。今後，特別な支援を必要とする生徒が増加し続けると仮定すれば，高校もインクルーシブ教育に向かうべきと思われるが，実現には多くの課題がある。

　インクルーシブ教育システムへの取組が課題とされる中，取組が遅れているのが高校であり，特に私立高校においては特別支援教育の端緒にもついていないような現状がある。

　しかしながら，ほとんどの高校には特別な支援を必要としている生徒が在籍している現状を鑑みると，インクルーシブ教育システムを避けることはできない。

❶ 高校入試とセーフティネット

　入試で選別しているため，特別な支援を必要とする生徒の存在を認めていないとする学校の基本方針がある。特別な支援を必要とする生徒の保護者の多くは，高校への進学を強く希望している。しかしながら現状としては，特別な支援を必要とする生徒の受入については極めて消極的であり，また受け入れていることを公表していないケースがほとんどである。

　特別な支援を必要とする生徒の受入については，個別の高校の自助努力では限界があるため，福岡県の私立学校では全国に先駆け「学習支援センター」を設置している。現在は県内4か所に学習支援センターが置かれ，不登校生徒や特別な支援を必要とする生徒のセーフティネットとして機能している。このセンターに入所した約半数の生徒は在籍校に復帰し，学習を続けている。

❷ 進級・卒業の認定の難しさ

　特別な支援を必要とする生徒は，一般の生徒に比べて単位や進級・卒業の認定が困難であり，面倒を背負いたくないとの考え方もある。この認定をめぐっては評価基準や手続きについて各高校で苦慮しており，特別な支援を必要とする生徒の受入はできれば排除したいとする考え方がある。

❸　障害の可能性がある生徒の受入

　発達障害の生徒が私立高校を受験する場合，まず中学校が高校に対して進学を打診する。障害の程度が軽中度であれば，高校での受入はある程度可能である。重度あるいは明らかに医療行為が必要となる生徒については，受入が困難である。受入体制やノウハウが整っていない。

❹　専任教員の設置等に対する高校への財政的支援問題

　小・中学校と比べて，特別な支援を必要とする生徒への支援体制の構築は極めて遅れている。特に私立高校においては，発達支援教育にかかわる専従の教職員を配置する必要があるが，財政的な負担が大き過ぎる。

❺　発達支援を必要とする生徒の受入をシェアする必要性

　本校では30年前，重度の脳性小児麻痺の生徒を受け入れて以来，身体に障害のある生徒や特別な支援を必要とする生徒を受け入れてきた。入学させたいとの保護者のニーズは大きいが，受入可能な人数には限りがある。今後，各校が共通理解を深め教育方法を学習し，受入をシェアしていくことが重要となる。

　そのために指導者の人材育成を含めたインフラの整備が急務である。また「拠点校などを設け，インクルーシブ教育のノウハウを集中的に蓄積することが必要ではないか」（倉地克次，『内外教育』6129号）との考えもあるが，公立高校はともかく，私立高校では拠点校の負担が大きく，現実的ではないと思われる。

❻　今後の課題

　私立高校では多様な生徒を受け入れ，個々の生徒のニーズに応じたきめの細かい教育を行い，多大な成果を上げてきた。また，時代の要請にも適確に対応してきた歴史がある。若干のタイムラグがあって，公立高校でも特別な支援を必要とする生徒の受入を推進している。

　この結果，多くの高校で特別な支援を必要とする生徒が増加し，個別の指導が難しく，対応に苦慮しているとの声が聞かれる。

　特別支援教育に関する理解・啓発を一層進め，この問題が高校教育の愁眉の課題であると明確に位置付ける必要がある。

〈森田　修示〉

= Column =

大学での支援の取組

　障害者に関する法的整備が進み，大学においては自閉症スペクトラム障害等の発達障害大学生に対する支援体制づくりが本格化している。独立行政法人日本学生支援機構が平成25年度に全国の大学，短期大学及び高等専門学校を対象にした「障害のある学生の修学支援に関する実態調査」を行った。それによると，全障害学生数13,449人のうち，発達障害（診断書有）学生は2,393人，また診断はないがその傾向があり支援を行っている学生数は3,198人で，障害別学生数としては最も多い割合となっている。

　このような実態を踏まえ，多くの大学では様々なタイプの支援室を設置し，支援コーディネーターを配置してサポートを行っている。例えば，「障害学生支援室」で診断のある学生を対象に修学支援を行う大学や，「学習支援室」で学習保障を中心に支援を行っている大学もある。また，「コミュニケーション支援室」として，診断はないもののコミュニケーション上の困難さに対する支援を行っている大学もある。いずれの大学も，アセスメントを基に学生の障害特性を把握し，教育上の不利益を被ることがないよう，必要な配慮を行っている。

　授業支援としては，「注意事項等の文書伝達」「実技・実習配慮」が多く，「講義内容録音許可」「解答方法配慮」「パソコンの持ち込み使用許可」等，直接的な学習保障を行っている大学もある。授業以外の支援としては「保護者との連携」「学習方法の指導」「社会的スキル指導」「進路・就職指導」が多く，学ぶための環境調整が積極的に行われている。

　大学生への支援は，具体的問題の解消だけにとどまらず，解決していくプロセスを通して青年期の心身の成長をサポートする発達促進的な意味合いがある。支援者は配慮や支援を求める主体を学生本人に置き，学生自身が修学環境をデザインしていくよう根気強く支援を行っていく必要がある。

〈西村優紀美〉

Chapter VIII
卒業後の支援

1 職場への支援

社会の障害者に対する理解と人権意識が深まり，障害者自立支援法に続く障害者総合支援法で自立過程を重視した支援システムがある程度整備され，障害者の就労生活の広がりと安定が図られている。

学校は，キャリア教育を充実させて就労する力を付けると同時に，就労支援機関等と連携して卒業後の進路先である会社や福祉サービス事業所と連絡を取り合って生活の質（QOL）を具体的に支えている。

そこで，自閉症スペクトラム障害者の卒業後の進路先である会社や通所福祉サービス事業所における定着についての現状と課題について考える。

1 ◆ 新たな制度

卒業後の進路先は，かつては会社への就職か福祉施設かという二者択一であり，また，福祉施設も入所か通所かの区別しかなかった。他方，学校は卒業直後の進路先に関心が集中していて，卒業後の進路先変更や福祉施設の移行については一部担当者を除いては関心が薄かった。

しかし，障害者総合支援法により，障害福祉サービスは，図のように事業目的を明確にして多様な選択ができるように体系化した。地域によって異なるが，例えば卒業と同時に就職できなくても，就労移行支援事業を受けることで就職にチャレンジすることもできるようになった。また，他には最低賃金を得る就労継続支援A型や作業能力の高い人を対象とする就労継続支援B型，仕事や創作活動のできる生活介護事業など多様な形態を設けた。また，施設数は十分ではないが，事業間の移動も可能とな

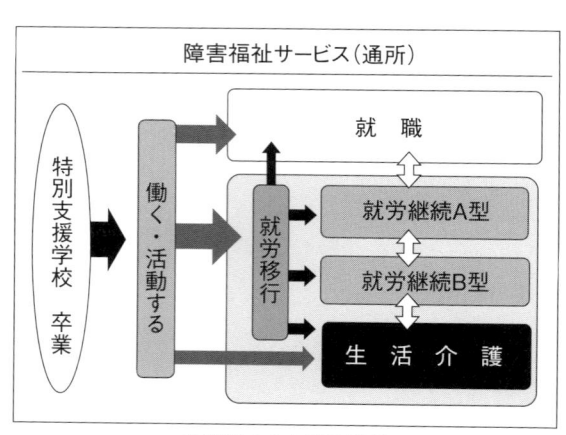

卒業後の主な進路選択

って事業先を移行している卒業生がいる。事業目的や内容・方法が整理されて障害者のライフステージに合わせて対応できる制度が整ってきたと言える。

2 ◆ 就労生活を支える

　進路先事業所に障害や特性を理解してもらうためには，就職や入所前に情報提供するとともに，現場実習においては実際に生徒自身と接する中で，指導の経過を伝え，就労生活での指導の参考にしてもらうことが必要である。

　一般就労の場合，就職後は業務が変わる場合があり，また，就職後も上司の異動や仕事内容の変更など環境の変化がある。こうしたときに，基本的には会社が自閉症スペクトラム障害者に対応できる力を備えてほしいと考える。そうなるためには，それまでに学校や支援機関から，力を発揮し，定着できる環境と指導のノウハウを具体的に得ることが必要である。つまり，学校は会社における障害者雇用と定着のために会社に入り込んで支援することが必要であり，特別支援教育の本領を発揮することである。

　障害福祉サービスの各事業においては，利用者の就労意識や進路希望，健康状況，障害や特性，関心の変化に対応して就労の支援プログラムを工夫することができる。特に，新卒で就職を目指す就労移行支援を受ける場合は，この事業は2年間という制限があるので，学校での進路指導内容を伝えておいて方向付けてもらうことになる。その中で，学校時代に企業で実習できなかった卒業生が就労移行支援を受けて一般就労できたという例がある。この事業を受けることで働く体験を重ねて適性を発見し，労働意欲を高めることができたということである。

　以上のように，学校と会社・福祉サービス機関との連携は，卒業生の就労生活を支え，キャリアアップを図り，生きがいある生活を支えることになる。

3 ◆ 支援の実際

　就労生活を支えるためには，学校においては個別の移行支援計画を充実させ，進路先を訪問するなどしてケースに応じた具体的な対応が必要である。障害のある人は，就労してからも，コミュニケーションなどの個々の能力や労働意欲，金銭に対する意識など確実に発達することを支援する者は心に留めておく必要がある。つまり，環境を整え周りの理解を求めるとともに，指導の積み重ねがあれば多くの卒業生が，安定した就労生活を送り，成長していくことができる

のである。

　一般就労した場合，学校は就労にかかわる学習での課題と指導経過，また，就労生活を支える際に必要な生活状況を資料としてまとめ，参考にしてもらう。また，担当者は会社や事業所を訪問して以下の点を大切にして障害者雇用のために活動してほしい。

　なお，こうした情報は個人情報にかかわる問題を含むので，本人や保護者の同意が必要となる。

〔1〕**作業**

本人の状態等によって就労しやすい状況や生活しやすい環境をつくる。

① 整理された環境で仕事のしやすい環境づくり。本人の作業の場所を決め，職場は常に整理整頓するとともに，物の置き場をわかりやすくしたり，動線を整理したりする。また，作業の指示は，手順書や工程表を示したり，完成品と不良品の区別を写真や図解して示したりするなどして口頭だけで行わない。また，「丁寧に」「しっかり」などの抽象的な言葉を使用しない。

② 作業スケジュールは早めに伝え，急な変更を避ける。変更する場合は，文字で示したり図解したりするなど，個々に確実に伝え確認する。また，連絡帳を使って家族の協力を得る。

③ 指示は肯定的に，かつ具体的，簡潔にする。否定的な言動に過敏な受け取り方をする場合もあるので，肯定的に「〜してください」など模範行動を示す。

④ 集団作業を強要しない。個別に配慮し対応する。

〔2〕**基本的生活習慣と生活**

　生活が安定していなければ，就労生活を維持することはできない。起床や就寝時刻を規則正しくすることなどは家庭の協力が必要である。毎日の仕事の中で連絡帳などを設けて疲れや不満や不安が残らないように配慮することなどが重要である。また，こだわるからと同じ服装で作業したりすることなく，清潔・清楚に気を付けて社会人となったことを意識できるようにしてほしい。

〔3〕**コミュニケーション**

　自閉症スペクトラムは，「ありがとうございます」「よろしくお願いします」という一言を発することは難しいので，このことを周りに理解してもらうよう

にすることが大切である。また，コミュニケーションに未熟さがあったとしても，努力している姿は，職場の共感と理解を得ることができる。

4 ◆ 再就職のための支援

卒業後，就職したとしても様々な理由で早期退職することがある。そうなった場合に，学校は，卒業生や家族などから連絡を受ける体制を整えておくことが大切である。

そして，今後の方向について相談を受けることになる。ハローワークか就労支援機関で即，再就職を目指すのか。就労移行支援事業か就労継続支援事業などの福祉サービスで，ある程度の期間をかけて進む方向を探るのかについて相談することになる。障害者福祉では，相談支援事業がスタートしたので，今後は相談機関の一つとなるが，学校は進路先を考えるための地域社会資源についての知識をもって紹介することが必要となる。

5 ◆ 今後の課題

会社が雇うべき障害者（法定雇用率）が平成25年度に1.8%から2%となるなど障害者雇用制度が整備されてきている。具体的には，障害特性に応じた働き方，安定した就労生活とキャリアアップ，何かあったときの対応ができるという体制を目指しているということである。このことをさらに充実させるためには関係機関の一層の連携が必要である。その中で学校に求められることは，個別の移行支援計画を充実させるとともに，キャリア教育等の具体的な教育内容・方法を充実させることである。

〔1〕一層の働く意欲づくり

就労する力の基盤は，働く意欲である。生活を支える金銭理解，自己達成感，周りの評価を働く意欲づくりに結集できる。

〔2〕自己理解と前向きな活動

自分の気持ちを表現する機会を一層設けることで，自分のよい点と課題を理解して，さらに前向きに生きる姿勢をつくることができる。

〔3〕自己実現と自信

自己実現を積み重ねことで自信をもつ。加えて，職場の人間関係を深めることでより職場に定着し，さらに，自分を発揮することができる。

〈藤田　誠〉

2 生活への支援

　卒業生の家庭生活や地域生活の課題に，学校が直接的にかかわることは多くはない。しかしながら，学校卒業後の自閉症スペクトラム障害者がどのような生活をし，何に困っているか，そして，そのことに対して教育はどう応えようとするかは，保護者のみならず支援者として大きな課題である。

　ここに，自閉症の家庭生活での様子と保護者の受け取り方についての調査報告書がある。『40歳を超えた自閉症の人たちの現況調査』（平成20年，全国自閉症者施設協議会発行）の生活実態についての保護者調査の中で，①本人とのかかわりや対応についての項目の「日常生活に必要な動作を身につけさせるのに苦労した」では，小学生の場合は68％が「当てはまる」であるが，卒業後では27％に大幅に減少している。「偏食などの健康管理に苦労した」「危険から身を守るのに苦労した」「社会性を身に着けさせるのに負担を感じた」という質問項目では同様に負担は卒業後には大幅に減少している。②周囲とのトラブルの項目では，「集団生活になじみにくいことで苦労した」小学校では90％が「当てはまる」であるが，卒業後は23％に大幅に減少している。その他，「よその家に勝手にあがりこんでしまい，対応に苦労した」も同様に減少している。

　以上のように，家庭内などの身近なトラブルは，小学校時代は大変であったが，年を重ねていって家庭や地域生活において周りの理解も進んだこともあるが，「落ち着いた」生活を送っていると言える。

1 ◆ 生活の様子

　生活とは，衣食住を整え，日中は就労生活を送るということであり，具体的には毎日就労先に通えることであると考える。

　そのためには，規則正しい生活を送ることがまず重要である。ゲームや飲食で夜更かしなどせず，安定した就労生活を送れるようにすることが基本である。また，荒天時や通勤途中のトラブルがあっても安全に通えるようにしたい。特別なことが起こった場合にどう対処するかを事前に話しておく，あるいは練習しておくことが大切である。会社や施設に携帯電話で連絡をする，別なルートで職場へ行くという対応も必要である。

働くことによって経済生活を支えている。実際に給料や工賃を得て，その使途を明確にすることによってお金の価値を理解することになる。給料等が振込の場合は，家族のため，衣食住の生活のために使っていることを意識できる方法を工夫することが大切である。このことが，就労生活の意義を理解するとともに，労働意欲や働きがい，生きがいにつながっていく。

2 ◆ 豊かに生きる

豊かな生活とは，どのような生活であろうか。上記の衣食住が整った上で家族関係や地域生活などで生きるエネルギーを蓄積できる生活と考えたい。進路先での人間関係や地域での友人関係，福祉サービスでの支援者とのかかわりなど地域生活の中での人間関係とその広がりが大切である。

学校時代の友人との付き合いを基にしながら，同窓会や青年教室への参加，余暇活動への参加等があることによって，人生が豊かになっていく。学校時代に習った絵画，陶芸，音楽，ダンスなどの芸術活動や，マラソン，野球，バスケットボールなどのスポーツが余暇の活動になり，大会への参加や新たな友人や支援者との出会いになったりしている。学校時代に行っていたことを続ける例が多くあるのである。

しかし，学校時代の友人との関係に絡むトラブルもある。金銭等非行や犯罪にかかわる場合は，地域関係機関と情報交換するなど，チームを組んでの問題解決が必要である場合も出てくる。

3 ◆ 将来を考える

年齢を重ねるということは，心身の変化があって医療機関を必要とすることにつながる。兄弟の独立や家族の死亡など家族構成が変わると，保護者もこれまでのような対応ができなくなることである。このことを予想して以下のような社会資源の活用等に配慮する必要がある。

①グループホームや入所施設での生活を想定して，ショートステイを体験する等，生活の変化に対応できるようにする。②財産管理や相続など成年後見制度を活用する。③学校時代より本人の行動範囲や友人や異性関係が広がり，持参している金銭も増えるにしたがってトラブルになることもある。

以上の点を考慮した学校教育が行われることを期待したい。

〈藤田　誠〉

3 余暇活動への支援

1 ◆ 遊びや余暇の成立条件

「あそび」は自発的な活動であると言われる。そのためか「遊びは教えるのではなく自然な発達を待つ」という消極的なアプローチになりがちである。しかし，興味や関心の幅が限定され，コミュニケーションの困難性を併せもつ自閉症スペクトラムのある子どもにとっては，あそびや余暇のスキルの乏しさは，思春期以降に行動面での問題を生じさせやすく，早期からの積極的な支援が望まれる。そのためには，まず一人ひとりの子どもの好みの活動を査定し，成功体験や喜びを得られるように働き掛け，スキルを獲得させ，自発しやすいような環境設定を行っていくことが重要である。

2 ◆ 好みの評価

あそびや余暇スキルの支援においては，第一に本人の好みを知ることが必要である。応用行動分析のpreference（好み）に関する先行研究では，重度な知的障害がある人の場合でも，二つの具体物を提示しどちらかを選ぶ（手に取る，頭や身体の一部を接近させる）という「選択決定」(choice making)の手続きを取ることで好みを査定できることが示されてきた。例えば2種類のおやつから選択する，2種類のおもちゃから選択する，2種類の道具を選ぶことで活動を選択するなどである。このような具体物による選択決定が可能になれば，治療教育的には，PECS（Picture Exchange Communication System）へ，要求言語へと発展させることが可能である。このように査定された「好み」は永続するものではなく変化するものであることを考慮し，選択機会を環境の中に常につくっておく必要がある。したがって自己決定は，スキル獲得後の自発に関しても重要であり，余暇活動支援全体にかかわってくる重要な視点である。

3 ◆ 目標の設定

あそびや余暇スキルの指導や支援に関しては，具体的でかつ短期に達成可能な指導目標が選定されることが必要である。また家族のニーズや年齢相応であることを考慮することも重要である。家族に受け入れられなければ余暇は問題行動となってしまう場合もあるからである。具体的な例としては，卒業後にお

いては，調理やテレビやインターネットといった室内で過ごす活動から，買い物や外食，映画やスポーツ観戦，図書館，プール，フィットネスジム，カラオケ店，レンタルショップなどの社会的資源の利用，地域での文化・スポーツクラブへの参加などが考えられる。

目標設定は，定型発達の人と同様のプロセスでの達成や自力達成に縛られるのではなく，一人一人の能力に応じたトップダウンによる考え方を重視することが大切である。例えば，買い物スキルではお札を出しておつりをもらう，タクシーでは行先を書いた写真カードを渡す，スポーツ観戦では近所のファンクラブの人に連れて行ってもらうなどである。もちろん，これらも本人の自己決定の機会を保証することが前提である。

4 ◆ 支援方法

あそびや余暇スキルを指導する際には，視覚的手掛かり等わかりやすい刺激を環境内に組み込むことで，社会資源を利用しやすい構造に変更すること，そして本人に負担の少ない指導技法を選択することが必要である。指導法としては，スモールステップ，エラーレス学習による指導法を取り入れ，現実場面での失敗経験を防ぐためにシミュレーショントレーニングを効果的に入れることなどである。また指導場面で獲得したスキルは，そのまま日常生活で自発可能とは限らない。般化促進のために，可能な限り現実的な場面で直接的に指導を行うこと，多くの実体験を積むことができるようにすること，なども考慮する。

5 ◆ 環境設定を行うこと

日常場面であそびや余暇スキルが自発するか否かは，その環境の中に行動始発のための手掛かりがどの程度用意されているかに大きく影響される。井上・井上・菅野（1995）は青年期の自閉症者に調理指導を行い，家庭での般化と維持について検証した。その結果，日常でのスキルの自発には，料理機会を母親が提供すること（時間的・人的環境の整備），冷蔵庫に複数のレシピカードを貼り付け，自己決定をしやすくするという具体的な選択肢の用意（物理的環境の整備）の重要性が指摘された。このように家族や地域の人に対する援助方法の伝達，本人のスケジュールに余暇の選択機会を入れるなどのセルフ・マネージメントの技法の適用は，あそびや余暇スキル獲得後の最も重要な支援となる。

〈井上　雅彦〉

4 家族支援

1 ◆ 家族の支援ニーズと教師の態度

　家族の支援ニーズは子供の障害の程度や養育環境だけでなくライフステージによっても変化する。教師は障害のある子供だけでなく，それを支える家族に対しても目を向け，家族がもつ特別なニーズについて一般的な理解を進め，担任している子供の家族に関する個別的なニーズについて実態把握を行い，場合によっては他機関との連携を視野に入れて取り組んでいくことが必要である。

　個々の家族や親のニーズには多様性がある。例えば，ある家族では特定のこだわり行動が問題になり，別の家族ではまったく問題にならないこともある。また，精神的に疲弊していたり，子育ての理解や協力が得られなかったりするケース，過去に専門家や教師との関係で傷ついたケースもある。

　教師は親に対して，敬意を払い，話しやすい雰囲気をつくり，受容的・共感的に接する中で傾聴することが必要である。実態把握としては，子供の家庭での様子や親自身が現在の困っている点や気になる点とそれに関する考え，家庭での取組や学校への要望などを聞き取り，整理していく。自らの価値観や経験などの先入観に囚われることなく個々のニーズの違いについて，十分な情報収集を行うことが必要である。

2 ◆ 学齢期の親のニーズと基本的対応

〔1〕就学・進学時

　特別支援学校や特別支援学級に就学したばかりの子供の親については，子供の進路についてのとまどいや抵抗をもつ場合も少なくない。そのため教室での不適応や教師の対応がきっかけとなって，学校そのものへの不信感が引き起こされることもある。教師はまずこうした親の思いに耳を傾け，その心情を理解し寄り添いながら，協力体制を構築していく必要がある。

　特別支援学級の場合，朝夕の会や給食や掃除などの活動や，どの授業をどの程度，交流学級での活動に参加するのかといった点は最初にぶつかる親の大きな悩みである。形式的な交流設定ではなく，親からの子供の情報や本人のニーズを基に，子供の発達や特性に合わせた構成にする必要がある。

〔2〕親と教師の認識のズレ

　親と教師の間の認識のズレは，家庭と学校とでの子供の行動の違いが大きく影響している。学校では元気で指示に従うことができ適応しているようでも，家では元気がなかったり，家族に当たり散らして登校を渋ったりする場合もある。子供だけでなく親も教師に対して言いたいことが言えなかったり，教師と話すこと自体に不安や抵抗があったりするケースも少なくない。まず家での様子を共感的に聞くことから始めるべきである。

〔3〕情報の共有と協働

　個別の教育支援計画や指導計画を親に説明した上で目標や指導上の課題について共に考えていくことが必要である。同じ学校にきょうだい児が在籍している場合は，きょうだい児への配慮や支援についても，きょうだい児の担任と親との情報交換を行い，きょうだい児の状況に応じて，交流活動，学校の全体行事，委員会活動や地域ごとの活動などでの配慮を行っていく。

　子供が学校生活にスムーズに適応していくためには，就学時のみならず，毎年の進級時の引き継ぎにも親に参加してもらい，家庭でのニーズを共有する仕組みをつくることが重要である。学校や家庭で早期にいじめや不登校などの兆候に気付き，即座に連携して対応できるような関係づくりが大切である。

〔4〕親と学校の関係が悪化したケース

　様々な努力にもかかわらず関係が悪化してしまった場合は，担任だけで修復しようとすると，両者の負担が大きくなり，より関係を悪化させてしまうことが多い。学年教師集団で対応可能か，管理職や学校として対応可能か，もしくは教育委員会との連携で対応可能か，さらに福祉，医療，司法など専門機関を交えたほうが対応しやすいかを，まず管理職も入れた校内ケース会議で早期に判断する。特に社会的・経済的に脆弱な家庭基盤のケース，親自身も発達障害や何らかの精神疾患を抱えているケース，親が子どもの障害や発達の遅れを受け入れることが困難なケース，虐待リスクがあると考えられるケースなどにおいては，外部専門機関との連携を速やかに行い，定期的なケース会議を行っていくことが重要である。

〈井上　雅彦〉

5 移行支援

1 • ITP（個別移行計画）

米国では IEP（Individualized Educational Program，個別教育計画）の中に，年齢が経過するにつれ，成人生活のためのプログラムとして ITP（Individualized Transition Program，個別移行計画）というものが存在する。

ITP とは，障害のある生徒が大人として地域で生活し，働き，地域に参加するのに必要なトレーニングやサポートがどのようなものであるかの要点をまとめた文書のことである。

ITP のメンバーは IEP とほぼ同様に主体となる児童生徒，保護者，クラス担任の他に進路に関する専門家が参加することになる。具体的には，進路指導カウンセラー，移行コーディネーター（あるいは地域の代表者），職業リハビリテーションカウンセラー，ジョブコーチ，雇用主，他の関係機関の代表者，そしてその生徒をよく知っており，サポートチームに参加できる友人や親類などが含まれる。ITP では，今後の学校内外での教育指導のために，生徒の障害についての状況だけではなく，生徒の長所，生徒と保護者の長期目標（学校卒業後の），就労の目標（福祉的就労ではなく，統合された援助付き就労），高等教育のための目標（大学，補償教育，専門学校，職業訓練校），居住場所の目標（自立生活スキル，居住選択），余暇に関する目標（地域参加，社会的な機会）などが示される。

2 • 大人への移行のためのアセスメントと計画の領域

大人への移行については，ITP は以下のようなスキルが検討される。

〔1〕毎日の生活活動

その生徒はどんな身辺処理スキル（衛生管理や衣服の着脱など），何を学習する必要があるか。利用できる支援や機関は。食事や買い物，料理をする上でどんな家事スキルをもっているか。

〔2〕運動能力

日中活動で使用される建物内あるいは建物の間を移動するためにどんな能力をもっていなければならないか。

〔3〕移動能力

どんな公共交通機関を利用できる能力をもっているか。障害のために特殊な移動サービスが必要か。あるいは地域に他の移動手段があるか。車の免許証を取るために自動車教習を受けることができるか。どんな乗り物が必要となるか。地域でどんな適応サービスを利用できるか。

〔4〕身辺自立

生徒は自分の障害について何を知っているか。精神的，身体的状態を伝えるのにどのようなスキルを学習する必要があるか。治療を受けているか。薬を管理しているか。医者や看護師，薬剤師などの健康管理者と連絡を取っているか。

〔5〕居住

その生徒はどこに住みたいか。アパートか，家か，寮か。都会か田舎か。だれと一緒に住みたいか。家族，友達，自立して，援助付き生活。地域でどのようなサポートを選択できるか。

〔6〕家屋

援助があって自立するとしたら，どのような居住環境の整備が必要か。スロープ，手すり，広い戸口，お風呂の改造，台所の改造。家を維持していくためにどのようなスキルをもっているか，あるいは学習することができるか。どんな援助が利用できるか。

〔7〕余暇

その生徒の楽しみは何か，また身体的及び精神的な健康のためにどのようなことをするのが好きか。どんなスキルをもっているか。スポーツ，買い物，映画，どこか好きなところを訪問するなど，地域で利用できるところはどのようなところか。

〔8〕個人的な配慮や仲間付き合い，交際

他人との付き合い方についてどれくらい知っているか。

米国では，以上のような視点で学校から成人生活への移行支援を行っており，我が国にも導入可能なところは検討すべきだと考える。

〈梅永　雄二〉

6 職業訓練

　障害者の雇用対策としての職業訓練は職業能力開発促進法に基づいて行われ，①障害者職業能力開発校における職業訓練，②障害者の態様に応じた多様な委託訓練，及び，③一般校を活用した職業訓練等がある。平成24年度では全体で約8.4千人が受講し，その修了者のうち施設内訓練では約7割，委託訓練では約5割が就職している。

　他方で，障害者総合支援法における就労系障害者福祉サービスとして，就労移行支援事業がある。

1 ◆ 障害者職業能力開発校

　一般の公共職業能力開発施設において職業訓練を受講することが困難な重度障害者等を対象としており，国立13校，都道府県立6校の計19校が設置されている。精神障害や発達障害者などを含めて，能力開発に特別な支援を要する障害者には，障害の特性に配慮した専門コースの設定が進められている（現在，19校中7校）。これらの訓練校では，技術革新や社会的ニーズに対応した専門的で高度な能力開発ノウハウの蓄積，障害の特性に対応できる職業訓練指導員の専門性の向上，精神保健福祉士などの専門家の配置などが行われている。

2 ◆ 障害者の態様に応じた多様な委託訓練

　企業，社会福祉法人，NPO法人，民間教育訓練機関等の地域の多様な能力開発施設を活用して，個々の障害者に対応した内容で職業訓練を実施する。各都道府県に配置された障害者職業訓練コーディネーターが，委託訓練先の開拓や調整を行い，対象者は平成16年度から開始以来，大幅に増加しており，平成21年度で9,500人に及ぶ。就職率も45％を超える。

　訓練コースは，①民間の教育訓練機関，社会福祉法人，NPO法人等で就職の促進に向けた知識と技能を習得する「知識・技能習得訓練コース」，②企業等の事業所現場を活用して，就職のための実践能力を習得する「実践能力習得訓練コース」，③通所が困難な重度障害者等が在宅でIT技能等を習得する「E-ラーニングコース」，④特別支援学校高等部に在籍する生徒を対象に就職に向けた職業能力の開発・向上を目的とする「特別支援学校早期訓練コース」，⑤

在職障害者に雇用継続のための知識と技能を習得する「在職者訓練コース」がある。

訓練期間は，原則3か月で月100時間を標準とし，訓練内容は，OA事務，パソコン実務，訪問介護員養成，パン・菓子製造，ハウスクリーニング，商品管理コースなどである。企業を委託先にして事業所現場での職業訓練ができ，知的障害や精神障害のある人を対象とした介護サービス科など多様な訓練内容を実施でき，企業が求める技能に応じた機動的な職業訓練が可能になるといった利点がある。

3 ◆ 一般の公共職業能力開発施設

一般の公共職業能力開発施設では，障害のあるなしにかかわらず入校を促進している。そのため，校舎などで自動ドア，スロープ，手すり，トイレ等の整備等のバリアフリー化を推進している。また，平成16年度から，知的障害者等に対する新たな職域における職業訓練の実績を踏まえて，一般の県立職業能力開発校を活用して，知的障害者や発達障害者等を対象とした地域ニーズに対応した訓練コースを設置してきている。それによって，一般校での受入が困難であった障害者に対して職業訓練の機会を提供するとともに，地域における障害者職業訓練の拠点整備を図ることとしている。

訓練コースは，知的障害のある人を対象とした，販売実務，事務実務，介護サービスなど，身体障害ではOA事務など。発達障害のある人では，オフィスワークなどが行われている。しかしながら，一般校における求職障害者の受講状況はここ数年減少を続けており，特に障害校のない地域に住んでいる障害者の職業訓練機会を確保するためにも，一般校において障害者が職業訓練を受講できるよう環境整備を一層進めることが重要である。

4 ◆ 就労移行支援事業所

就労系障害者福祉サービスの一つである就労移行支援事業は，企業での雇用が見込まれる65歳未満の障害者を対象に，生産活動，職場体験その他の活動の機会を提供したり，就労に必要な知識や能力の向上のために必要な訓練，求職活動に関する支援，その適性に応じた職場の開拓，就職後における職場への定着のために必要な相談，その他の必要な支援を行っている。

〈松為　信雄〉

7 定着支援

1 ◆ 診断名と働くための要件

　雇用契約の下であろうとなかろうと，職場で働くための個人的な諸能力は医学的診断やそれに基づく障害特性に準拠して考えることは適切でない。仕事（職務）そのものやそれが提供される職場などから要請される「役割」を遂行できる要件に即してとらえるべきであり，「自閉症スペクトラム」等の診断名に基づく（障害）特性とは異なる視点が不可欠である。

　そうした労働者としての役割を遂行するための能力特性は，図に示すような4層から成る階層構造として示すことができよう。最も基底をなす「疾病・障害の管理」や「日常生活の遂行」の能力は，地域の中で日常的な生活を営むための要件であり，「社会生活の準備性」を構成する。ま

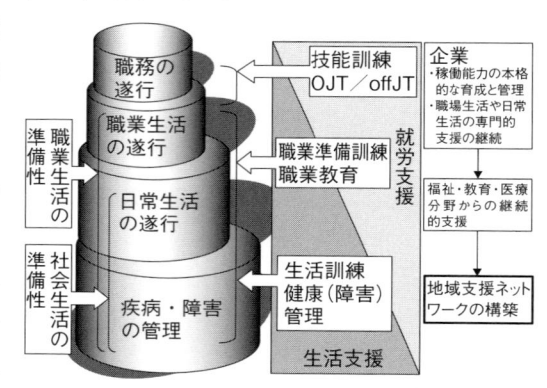

能力の階層構造と支援ネットワーク

た，「職業生活の遂行」は職業人としての役割を遂行するのに必要な能力である。これらの三つの層は就労するための基本的な要件であることから，「職業生活の準備性」を構成するものと見なしている。最も上層の「職務の遂行」の能力は，特定の仕事分野で生産活動に従事するための必須の能力である。

2 ◆ 定着支援の在り方

　障害のある人の職場定着に向けた支援とは，これらの各階層の諸能力が，職場の要請する「働く役割」を充足するようにすることである。

　その実際の支援としては，①各階層の諸能力を向上させるための学齢期からの学習・訓練，②諸能力が「働く役割」を果たすまでの水準に至らない場合には，それをクリアできるような職場側の配慮，③これらの双方の支援を総合的に継続するための支援ネットワークの形成，の三つが考えられる。

第一は，働く役割に従事する以前からの継続的な学習として，将来の人生設計での多様な役割を担うための基礎的で系統的な訓練としてのキャリア教育の実施である。図の底辺部から上層部にかけての能力を系統的に学ぶカリキュラムを編成し，それを学齢期の全体を通して体系的に学習することが必要だろう。

　第二は，雇用側の配慮である。能力の現状で対処できる「役割」を，既存の仕事を組み替えたり新規に創設したりすることになる。併せて，組織内でのキャリア展開に見通しをもたせて働く動機付けを高めることも必要になる。例えば，障害のある人には，①職能・技術の深まりや多能工化，②地位・階層の上昇，③部署内での中心的職務の遂行，などもキャリア形成の道筋として制度化することが考えられる。

　第三は，支援ネットワークの形成である。一般的には，図で示す「社会生活の準備性」や「職業生活の準備性」の育成は医療，教育，福祉分野の支援者が，また，「職務の遂行」の育成は雇用側がそれぞれノウハウを蓄積していよう。それゆえ，これらの異なる分野の継続的な協働によって，職場定着（場合によっては定着困難による離職）に向けた支援をすることが必要である。

3 ● 定着支援の要点

　企業と障害者双方のニーズに的確に対応して定着支援を支える主な機関として，地域障害者職業センターと障害者就業・生活支援センターがある。これらが第一次相談窓口して課題の特定と対処を試みるが，ネットワークによってトータルで支援を行っていくことが重要である。また，当事者自身も就業前から就労支援機関との信頼関係を構築しつつ，職業準備性・職業上の課題や配慮事項，支援方法等について評価・整理する等の支援を受けることが有効である。

　なお，障害者差別に関して事業主に合理的配慮の提供を義務付けた「障害者の雇用の促進等に関する法律」の改正（平成30年4月（一部は平成28年4月）から施行）は，苦情処理を事業主と障害のある当事者との間で自主的に解決することを求めている。それに応えるには，当事者自身が，①仕事の遂行に際しての課題を自己理解（認識）しており，②それに対処する具体的な仕方を明確に自覚しており，③これらの情報を他者に的確に伝達できること，が不可欠である。職場適応を自らの手で進めるには，こうしたスキルを成長の早い時期から獲得するよう支援することが望まれる。

〈松為　信雄〉

◆ 執筆者一覧 ◆

【監修者】

樋口　一宗　　兵庫教育大学大学院教授（前文部科学省特別支援教育調査官）

丹野　哲也　　文部科学省特別支援教育調査官

【編　者】

全国特別支援学校知的障害教育校長会

　　担当：明官　　茂　　東京都立町田の丘学園校長

　　　　　桑山　一也　　東京都立王子第二特別支援学校校長

　　　　　田邊陽一郎　　東京都立白鷺特別支援学校校長

　　　　　早川　智博　　東京都立矢口特別支援学校校長

　　　　　松浦隆太郎　　東京都杉並区立済美養護学校校長

　　　　　山口　学人　　東京都立王子特別支援学校校長

【編集協力】

梅永　雄二　　宇都宮大学教授

【執筆者】（執筆順。所属は平成26年9月現在）

明官　　茂　　前掲

樋口　一宗　　前掲

石塚　謙二　　大阪府豊能町教育委員会教育長

丹野　哲也　　前掲

三苫由紀雄　　東洋大学非常勤講師

市川　宏伸　　東京都立小児総合医療センター顧問

齊藤　宇開　　たすく株式会社代表取締役

伊藤　英夫　　文京学院大学教授

小池　敏英　　東京学芸大学教授

新井　利明　　明治安田こころの健康財団子ども療育相談センター長

森山　徹	むさしの発達支援センター所長
立松　英子	東京福祉大学教授
瀧川　猛	千葉県立東金特別支援学校教諭
渡部　匡隆	横浜国立大学教授
坂井　聡	香川大学教授
杉本まゆき	岩手大学教育学部附属特別支援学校教諭
堀口潤一郎	宮城県立光明支援学校教諭
八鍬　洋祐	山形県立鶴岡養護学校教諭
河場　哲史	筑波大学附属久里浜特別支援学校教諭
糸川　雅美	茨城県立美浦特別支援学校教諭
入澤　徹	群馬県立渡良瀬養護学校教諭
藤松　ふみ	長野県木曽養護学校教諭
中林由利子	富山大学人間発達科学部附属特別支援学校教諭
田中　珠美	石川県立小松瀬領特別支援学校教諭
駒野　典子	福井県立福井南特別支援学校教諭
守田　健志	愛知県立三好特別支援学校教諭
濱　亜紀子	東京都品川区立小中一貫校品川学園品川小学校主任教諭
下鳥　美奈	東京都練馬区立石神井西小学校主任教諭
黒田　紀子	東京都北区立滝野川小学校主任教諭
有澤　直人	東京都江戸川区立本一色小学校主任教諭
霜田　浩信	群馬大学准教授
小林　徹	郡山女子大学短期大学部准教授
飯田　直樹	岐阜県立可茂特別支援学校教諭
植田記久乃	静岡県立清水特別支援学校教諭
戸山　育子	大阪府大阪市立東住吉特別支援学校教諭
小林　光寛	兵庫県小野市立小野特別支援学校主幹教諭
今島　裕子	奈良県立西和養護学校教諭
島田　有規	和歌山県立紀北支援学校教諭
岡田　円一	島根県立益田養護学校教諭
川口　徹	広島県立黒瀬特別支援学校教諭

真鍋ゆかり		香川県立香川丸亀養護学校教諭
野澤　良介		東京都立矢口特別支援学校主幹教諭
福田佳代子		愛媛県立新居浜特別支援学校教諭
鳥居　夕子		東京都青梅市立第一中学校主幹教諭
田極　　透		東京都多摩市立和田中学校主任教諭
近藤　幸男		神奈川県横浜市立鴨志田中学校主幹教諭
月森　久江		東京都杉並区立済美教育センター指導教授
箕輪　優子		横河電機株式会社
梅永　雄二		前掲
尾崎　祐三		国立特別支援教育総合研究所上席総括研究員
武藤まさ子		元東京都立青鳥特別支援学校教諭
松浦　美穂		佐賀県立鹿島高等学校教諭
林　健太郎		熊本県立荒尾支援学校教諭
岩本　伸一		鹿児島大学教育学部附属特別支援学校副校長
野田　　誠		京都府京都市立白川総合支援学校教諭
岩佐　延寿		北海道札幌高等養護学校教諭
坂内　　仁		北海道札幌高等養護学校教諭
江嵜　智宏		福岡県立特別支援学校「福岡高等学園」教諭
末石　忠史		東京都立八王子拓真高等学校主幹教諭
花木　　敦		東京都立秋留台高等学校主幹教諭
森田　修示		西日本短期大学附属高等学校校長
西村優紀美		富山大学保健管理センター准教授
藤田　　誠		竹の塚ひまわり園施設長
井上　雅彦		鳥取大学大学院教授
松為　信雄		文京学院大学教授

自閉症スペクトラム児の教育と支援

2014（平成26）年11月6日　初版第1刷発行

監修者：樋口　一宗
　　　　丹野　哲也
編　者：全国特別支援学校知的障害教育校長会
発行者：錦織　圭之介
発行所：株式会社東洋館出版社
　　　　〒113-0021　東京都文京区本駒込5丁目16番7号
　　　　営業部　電話03-3823-9206　FAX 03-3823-9208
　　　　編集部　電話03-3823-9207　FAX 03-3823-9209
　　　　振　替　00180-7-96823
　　　　URL　http://www.toyokan.co.jp
印刷・製本：藤原印刷株式会社
装丁・本文デザイン：竹内　宏和（藤原印刷株式会社）

ISBN978-4-491-03060-9
Printed in Japan